김은득 박사는 아브라함 카이퍼가 수행한 여러 역할로 드러나는 표면적이고 추상적인 형식뿐 아니라, 그가 설파한 이면적이고 실제적인 개념들의 내용을 서사 형식의 편지로 생동감 있게 소개하면서, 다원화된 세상에서 하나님의 주권을 드러내는 사람으로 살았던 아브라함 카이퍼를 보여 준다. 더군다나 이 책은 한국에서 잘못 소개되거나 오해된 카이퍼의 사상을 시정하고, 경쾌하지만 묵직한 목소리로 그의 신학의 공공성과 일상성을 확연하게 드러낸다. 재미있게 펼쳐지는 서사, 흥미진진한 전개, 멋진 글솜씨, 생각을 자극하는 논리, 웅대한 꿈을 꾸게 하는 울림, 마음으로 쓴 글이 담긴 이 책을 기독 지성인과 교회의 청년, 목회자와 신학도, 특히 개혁주의자로 자처하는 분들에게 적극 추천한다. 독자들은 자신이 믿는 하나님이 너무 작은 분은 아니었는지 되돌아보게 될 것이다.

류호준 백석대학교 신학대학원 은퇴교수

독자가 기독교 세계관과 공공신학의 원조 아브라함 카이퍼의 음성을 직접 듣는 듯한 느낌으로 읽을 수 있는 이 책은, 이 분야에 대한 본격적 연구의 열매를 아주 쉽게 풀이해 들려준다. 또한 저자는 세속적 다원주의 시대에 접어든 한국 사회에서 교회가 나아가야 할 길도 보여 주는데, 바로 개혁주의 전통이 전해 준 성경적 확신에 근거한 공공성의 원리가 그것이다. 한국 교회의 공공신학과 세계관 논의를 한 차원 높은 수준으로 끌어올려 줄 이 책은 특히 기독교 세계관에 관심 있는 분들을 크게 격려할 귀한 선물이다.

신국원 총신대학교 명예교수, (사)기독교세계관학술동역회 이사장

아브라함 카이퍼의 탁월함에 비해 우리나라에는 그와 관련된 책이 많이 없어서 아쉬웠는데, 『한국 교회를 위한 카이퍼의 세상 읽기』 출간 소식을 접하고 매우 기뻤다. 특별히 이 책은 한국 교회에 이미 많이 알려진 기독교 세계관의 원리를 처음으로 제시하고 적용한 아브라함 카이퍼가 한국 교회의 성도들에게 쓰는 일인칭 시점의 편지 형식을 취하면서, 기독교 세계관과 영역 주권 등의 핵심 개념을 원래 문맥에서 잘 설명하고 있다. 독자들이 이 책을 통해 기독교 신앙이 가진 균형감과 다양성을 배울 수 있기를 소망한다.

김관성 울산 낮은담교회 담임목사

1970-80년대의 엄혹한 독재 정치 시대에 교회 성장과 전도, 개인 경건에만 집중하는 한국 교회 주류의 행태를 보며 자괴감을 느끼던 복음주의권의 많은 지성적 그리스도인들에게 기독교 세계관 운동은 하나의 돌파구였다. 교회와 국가, 성과 속, 개인 영성과 사회적 공공성을 분리하던 이원론과 이분법적 경건주의의 접근을 반성하고 대안을 찾으려던 이들이 이 운동을 열광적으로 수용한 것이다. 그때 가장 많이 회자된 이름들 가운데 하나가 아브라함 카이퍼였다. 김은득 교수의 『한국 교회를 위한 카이퍼의 세상 읽기』를 읽으니, 지금껏 카이퍼와 신칼뱅주의에 대한 나의 지식이 얼마나 단편적이었는지를 확인하게 되었다. 많이 언급되지만 사실은 제대로 아는 이가 거의 없는 한 인물과 그의 사상을 친절하면서도 꼼꼼하게 설명해 주는 가이드가 등장했다. 일인칭 시점으로 카이퍼가 2024년 한국에 나타난 것처럼 말하는 데 위화감이 전혀 느껴지지 않는다.   **이재근** 광신대학교 신학과 교회사 교수

한국 교회를 위한
카이퍼의
세상 읽기

IVP(InterVarsity Press)는
캠퍼스와 세상 속의 하나님 나라 운동을 지향하는
IVF(InterVarsity Christian Fellowship)의 출판부로
생각하는 그리스도인을 위한 문서 운동을 실천합니다.

한국 교회를 위한 카이퍼의 세상 읽기

편지로 읽는 진짜 기독교 세계관 이야기

김은득

IVP

차례

009 　감사의 말
011 　들어가는 말

1부 　지금의 한국 교회가 아브라함 카이퍼에 주목해야 하는 이유

023 　1장__ 왕을 위하여: 삶의 모든 영역을 그리스도의 주권 아래!
031 　2장__ 한국 교회의 공공성 회복: 미국식 칼뱅주의를 극복하려면

2부 　진짜 기독교 세계관 이야기

043 　3장__ 기독교 세계관: 위기와 혼돈의 시대를 극복하는 힘
051 　4장__ 신칼뱅주의 세계관: 도대체 칼뱅주의가 뭐길래?
059 　5장__ 기독교 세계관이 한국 교회의 숨구멍이 되려면
069 　6장__ 한국 교회를 위한 기독교 세계관
075 　7장__ 기독교 세계관과 일터

3부 삶의 모든 영역을 통치하시는 그리스도: 영역 주권

- 085　8장__ 정치적 지향: 진보냐 보수냐 그것이 문제인가
- 093　9장__ 영역 주권의 출발
- 101　10장__ 영역 주권은 신정주의적인가?
- 109　11장__ 영역 주권은 세속주의를 부추기는가?
- 119　12장__ 영역 주권의 정수: 자유가 아니면 죽음을 달라!

4부 카이퍼 신학, 나라를 바꾸다

- 131　13장__ 다원주의 사회에서의 기독교 세계관
- 139　14장__ 기독교 세계관에 기반을 둔 기독교 하위문화
- 147　15장__ 분화와 협의적 민주주의

5부 오늘날, 한국 사회에서, 그리스도인으로 산다는 것

- 157　16장__ 세속 시대를 살아가는 한국 그리스도인들을 위한 진짜 공공신학

- 166　나가는 말
- 171　주

일러두기
이 책은 독서 흐름을 끊지 않도록 도우면서 부가 정보를 제공하기 위한 미주(본문 내 숫자 표기)와 내용 이해를 위한 본문 하단 각주(본문 내 • 표기)를 혼용하였음을 밝힙니다.

감사의 말

모든 책이 그렇겠지만, 다른 사람들의 도움 없이는 이 책을 쓰는 것이 불가능했을 것입니다. 무엇보다 아내 신하연의 사랑과 헌신이 없었더라면 이 책은 세상의 빛을 볼 수 없었습니다. 그리고 유학 시절, 사랑하는 두 자녀 서린, 서로와 보낸 시간은 지나고 보니 글쓰기의 가장 큰 원동력이 되어 주었습니다.

또한 대학 IVF(한국기독학생회) 시절부터 기독교 세계관으로 함께 무장한 절친 구본근과 박정현, 그리고 카이퍼주의적 신념으로 늘 함께해 주시는 시애틀 드림교회의 김범수 목사님과 샌디에이고 우리교회의 정특균 목사님, 뉴저지 한결교회의 친구 황성현 목사에게 감사드립니다. 유학 시절에 물질과 기도로 후원해 주신 강일교회의 이문자 권사님, 부천 온누리교회의 이경근·김현정 집사님 부부에게 감사를 전합니다.

처음에 이 책의 원고 대부분을 연재할 수 있도록 해 주신 복음과도시(TGCKOREA)의 박태양 사무총장님에게도 감사를 표합니다. 또한 이 책의 원고를 쓰던 시기에 애리조나주 투손에서 함께 공동체를 섬겼던 신승렬·황희옥 집사님 부부, 문용석 형제님에게 감사드립니다.

귀국 후 서울기독교세계관연구원에서 연구 활동을 하도록 도와주신 이윤석 원장님과 한국에 적응할 수 있도록 탁월한 조언을 주신 최현범, 장동민, 이경직, 이동영 교수님에게 감사를 드립니다. 무엇보다 저를 전임 교원으로 불러 주신 백석대학교와 장종현 총장님에게 감사를 표합니다.

마지막으로, 제가 유학의 꿈을 펼치도록 저를 위해 평생 기도해 주신 어머니 박금분 권사님에게 이 책을 바칩니다.

들어가는 말

알고 보니, 카이퍼

제가 아브라함 카이퍼의 이름을 처음 들었던 것은 2004년, 초유의 대통령 탄핵과 이후 치러진 총선의 열기가 한창일 때였습니다. 경기도 양지의 총신대학교 신학대학원 기숙사에서 방을 같이 쓰는 전도사님들과 정치 논쟁을 하다가, 한 전도사님이 좌파도 우파도 아닌 카이퍼 같은 칼뱅주의 정치 지도자가 한국에도 필요하다는 말을 했던 기억이 납니다. 당시에 저는 그분의 정치적 입장에 전적으로 동의한 것은 아니지만, 시간이 한참 지나서야 카이퍼가 바로 IVF에서 활동하던 시절에 귀가 닳도록 듣던 기독교 세계관, 즉 창조-타락-구속의 원리를 처음으로 제시하고 그 원리를 공적 영역에 적용해서 네덜란드 사회를 실질적으로 변화시킨 사람이라는 사실을 알게 되었습니다. 북미에서 '카이퍼리안'(카이퍼주의) 교육 운동의 결과물로 생긴 캘빈 신학교(Calvin Theological Seminary)로 제가 유학을 가게 된 것은 카이퍼가 그토록 강조했던 "하나님의 예정" 혹은 "주권"이었다고 고백할 수밖에 없습니다.

사실 "하나님의 주권"은 제 모교회인 천안장로교회 원로목사이신 이정호 목사님의 목회 철학이기도 했습니다. 제가 청년이었을 때, 한번은 이정호 목사님께 목사님의 목회 철학이 뭐냐고 막무가내로 질문한 적이 있었습니다. 제가 보기에는 어떤 것 같냐고 목사님이 되물으셔서 설교에서 가장 많이 언급하시던 "하나님의 은혜"가 아니냐고 대답했고, 이에 대해 목사님은 "하나님의 은혜"도 "하나님의 주권"에 기반을 둔다고 하셨던 기억이 납니다. 당시에는 하나님의 절대 주권을 강조하는 것이 어떻게 하나님의 은혜와 관련되는지 이해할 수 없었습니다.

카이퍼에서 바빙크로, 다시 카이퍼로

원래 제가 박사 논문을 쓰려고 했던 주제는 아브라함 카이퍼의 공공신학이었습니다. 총신대 신대원의 은사이신 안인섭 교수님이 한국 교회의 공공성 부재를 한탄하시면서, 카이퍼의 공공신학에 대해 박사 논문을 쓸 것을 강력하게 추천하셨기 때문입니다. 그렇게 논문 주제와 관련된 종합시험을 준비하고 카이퍼의 저작들을 읽으면서 이 책의 개요를 구상했습니다. 특히 2014년에 액튼 연구소(Acton Institute)와 캘빈 칼리지(Calvin College, 2019년부터 Calvin University)가 "비즈니스에서의 일반 은혜"(Common Grace in Business)라는 주제로 공동 주최한 심포지엄에서 리처드 마우(Richard Mouw), 피터 헤슬람(Peter Heslam), 빈센트 바코트(Vincent Bacote) 등을 만나면서 카이퍼에 대한 학문적 애정이 깊어졌습니다. 더욱이 2018년에 카이퍼 학회(Kuyper Conference)

에서 니콜라스 월터스토프(Nicholas Wolterstorff), 제임스 브래트(James Bratt), 제임스 에글린턴(James Eglinton), 코르넬리스 판 더 코이(Cornelis van der Kooi) 등과 교제하면서 카이퍼주의 공공신학이 얼마나 한국 교회의 상황에 적실한지도 이해할 수 있었습니다.

그러나 지도교수이신 존 볼트(John Bolt) 교수님은 프린스턴 신학교(Princeton Theological Seminary)가 카이퍼 공공신학 센터(Kuyper Center for Public Theology)를 설립한 것이나 렉샘 출판사(Lexham Press)가 카이퍼 공공신학 선집(Abraham Kuyper Collected Works in Public Theology)을 출간한 것에서 볼 수 있는 것처럼 카이퍼의 공공신학에 대한 관심이 북미에서 특히 점차 커지는 것에 비해, 바빙크의 공공신학에 대한 관심은 거의 없다면서 안타까움을 표하셨습니다. 그러면서 제게 논문의 주제를 카이퍼에서 바빙크로 바꾸기를 넌지시 추천하셨고, 그렇게 해서 2021년 5월에 논문 "공공신학자로서의 헤르만 바빙크"(Herman Bavinck as a Public Theologian)로 박사 학위를 받았습니다.[1]

카이퍼를 생각하면 솔직히 제게 양가감정이 있습니다. 한편으로 그가 정통 칼뱅주의에 천착하면서도 현대 사회의 도전들에 적극적으로 응답했던 것에 대한 존경심이 있습니다. 교회, 정치, 학문, 예술, 언론 등 카이퍼가 참여했던 영역들 모두에서 실제적 변화가 일어났습니다. 자유와 관용의 나라로 알려진 네덜란드의 정치 구조(예를 들어, "분화"로 옮길 수 있는 verzuiling)를 창조적으로 만든 것이나, 유럽에서 기독 민주당(Christian Democrat)의 창시자가 된 것은 말할 필요도 없습니다. 카이퍼를 **장군**(commander)으로 부르면서 따르는 분들, 대표적으로 니콜라스 월터스토프, 앨빈 플랜팅가(Alvin Plantinga), 리처드 마우, 제임스 스미스(James K. A. Smith) 등의 신학적·철학적 영향력도 무시할 수 없습니다. 한국에도 제가 존경해 마지않는 카이퍼주의 학자들 가운데 손봉호, 류호준, 강영안, 신국원, 김동춘, 유태화 교수님 같은 분들이 계십니다.

그러나 다른 한편으로, 제게는 한국에서의 카이퍼 사용에 대한 우려도 있습니다. 카이퍼가 새로운 교단, 정당, 학교, 언론 등을 세우고 번성시켰을 뿐만 아니라 네덜란드 역사의 주축이 된 것은 사실이지만, 카이퍼의 성공을 당시의 상황에 대한 고려는 전혀 없이 벤치마킹하는 것만큼 무분별한 일도 없기 때문입니다. 더구나 한국 교회가 지금까지 공공 영역에서 보인 행태들을 생각한다면, 한국에서의 카이퍼 사용은 걱정되는 측면이 많은 것도 사실입니다. 특히 정치 영역에서 카이퍼처럼 기독교 정당을 세워서 대한민국 대통령이 되려고 시도한다면 문제가 될 것입니다.

물론 카이퍼처럼 정치적으로나 공적으로 결과물을 만들어 낼 수 없다면 굳이 왜 카이퍼가 필요한지 질문할 수도 있습니다. 그러나 성공이나 실패가 카이퍼 사용의 이유가 되어서는 안 됩니다. 무엇보다 카이퍼가 한국 교회에 필요한 이유는 삶의 모든 영역에서 하나님의 주권이 인정되어야 하기 때문이고, 지금까지 한국 교회가 이원론적 사고로 인해 공적 영성을 부정해 왔기 때문입니다. 심지어 세상도 한국 교회의 공공성 부재를 지적합니다. 우리의 신앙은 개인적 경건에 그치지 않고, 우리가 속한 삶의 모든 영역에서 하나님의 주 되심이 드러나야 합니다.

코로나 이후의 한국 교회를 위한 카이퍼

코로나 이후 세속 시대를 맞이하는 한국 교회는 침체를 겪고 있습니다. 목회자와 성도가 모두 지쳐 갑니다. 이런 상황에서 개인적 영성과 전도, 선교뿐만 아니라 이 세상도 돌보라는 외침은 목회자나 성도에게 더욱 큰 부담이 될 수 있습니다. 사실 저 자신부터 미국에서 한인 교회 개척의 실패를 경험했습니다. 자신이 개척한 교회도 유지하기 어려운데, 어떻게 카이퍼처럼 이 세상을 변혁시킬 수 있을지에 대한 고민이 있었습니다. 그런 제 고민에 대한 응답을 39세의 젊은 카이퍼로부터 얻었습니다. 이런 깨달음을 카이퍼도 경험한 적이 있기 때문입니다.

카이퍼가 평생에 걸쳐 신경 쇠약으로 고생한 사실을 아는 사람은 많지 않을 것입니다. 그가 가진 엄청난 정치적 이상에도 불구하고, 사실 처음 정치에 입문했을 때는 실수와 실패의 연속이었다고 봐야 할 것입니다. 그는 공적 이슈들에 대한 성경적 대안을 제시한다면서 의회에서 성경 본문을 읽기도 했습니다. 이 일은 진보나 보수 모두에게 비판을 받았을 뿐만 아니라, 로마 가톨릭 정치가들도 카이퍼는 정치가가 아니라 바리새인이라고 모욕했습니다.

게다가 교회와 관련된 일은 문제가 더 많았습니다. 카이퍼가 정치 영역에서 정치가로서 거의 사망선고를 받았을 때 무엇보다 영적 도약이 필요했고, 이때 알게 된 영국의 경건주의 부흥 운동에 상당히 매료된 카이퍼는 그 운동의 대표자인 로버트 피어설 스미스(Robert Pearsall Smith)를 네덜란드 개혁교회에 소개합니다. 스미스는 당시 찰스 피니(Charles G. Finney)와 쌍벽을 이루는 부흥 운동가였는데, 카이퍼는 스미스의 네덜란드 집회에 참여했을 뿐만 아니라 잉글랜드 집회에 따라갈 정도로 열심이었습니다. 스미스의 아내가 한 설교는 더욱 대단했고, 카이퍼는 그 설교를 들을 때 눈물을 흘리며 다시 한번 성령 충만을 경험했다고 여겼습니다. 그러나 스미스의 섹스 스캔들 문제로 인해 카이퍼가 교단에서 난감한 지경에 이릅니다.

이 모든 것이 결합해서 카이퍼는 신경 쇠약으로 무너집니다. 이후에 카이퍼는 스위스 알프스 산맥의 심플론 고개에서 휴양을 하면서 보내는데, 이곳의 정상은 프리드리히 니체(Friedrich Nietzsche)가 『차라투스트라는 이렇게 말했다』의 큰 뼈대를 세운 곳입니다. 심플론 고개는 카이퍼에게도 엄청난 의미를 가진 곳이 되었습니다. 바로 거기서 깜빡 잠들었다가 자신의 정치적 아버지인 흐룬 판 프린스터러(Groen van Prinsterer)가 죽는 꿈을 꾼 것입니다. 실제로 프린스터러가 다음 날 죽으면서, 신경 쇠약에 걸려 있던 카이퍼는 더 큰 슬픔과 절망에 빠집니다. 이후에 카이퍼는 몸도 약한 상태에서 프린스터러의 아내 벳시를 찾아가 프린스터러의 유언에 매우 집착하는 모습을 보였고, 제임스 브랫 교수는 그때 그의 모습이 마치 축복을 구걸하는 에서와 같았다고 묘사합니다.

    카이퍼: "흐룬의 마지막 말은 무엇이었나요? 저에 대한 유언은 없었나요?"

벳시: "돌아가시기 열흘 전부터 거의 한 말씀도 하지 못했어요."

카이퍼: "정말이에요? 확실한가요? 제가 그분의 서재에서 유언으로 남겼을 만한 책이나 서류 좀 찾아봐도 되겠죠?"

벳시: "물론이죠. 그런데 당신의 건강이 좀 회복되면 그때 찾아도 되지 않을까요?"[2]

젊은 카이퍼의 바로 이런 모습에서 제가 과거에 좌충우돌하던 모습이 떠올랐고, 성공을 위한 축복에 집착하는 제 모습을 보게 되었습니다. 그렇기 때문에 카이퍼가 어떻게 건강을 회복했는지 유심히 살폈는데, 그는 신경 쇠약에 따른 불면을 치료하기 위해 등산을 했습니다. 등산에 맛을 들이면서 카이퍼는 틈만 나면 유럽의 산들을 다녔습니다. 심지어 미국 프린스턴 신학교에 "칼뱅주의 강연"(Lectures on Calvinism)을 하러 가서도 뉴욕주에 등산하러 말없이 가는 바람에 한바탕 소동이 일어나기도 합니다.

물론 이것이 다가 아닙니다. 카이퍼가 어느 정도 회복하자, 비록 정치가로서는 더 이상 회복되기 어려운 상황에 처했을지라도, 워낙 탁월한 신학자이며 목회자이기 때문에 다양한 곳에서 함께 사역하자는 제안이 있었습니다. 특히 당시 네덜란드에서 경제적으로 가장 부유한 교회에서도 사역 제의가 들어왔습니다. 이때 카이퍼는 홀로 골방에 들어가 금식기도를 한 후에 그 제의를 거절했습니다. 그러면서 그는 거의 사망선고를 받은 정치 영역에 다시 들어가기로 결단합니다. 그때 카이퍼가 받은 말씀이 바로 하박국 3:17-19입니다.

비록 무화과나무가 무성하지 못하며 포도나무에 열매가 없으며 감람나무에 소출이 없으며 밭에 먹을 것이 없으며 우리에 양이 없으며 외양간에 소가 없을지라도, 나는 여호와로 말미암아 즐거워하며 나의 구원의 하나님으로 말미암아 기뻐하리로다. 주 여호와는 나의 힘이시라. 나의 발을 사슴과 같게 하사 나를 나의 높은 곳으로 다니게 하시리로다.

그렇습니다. 개인의 신경 쇠약을 극복하는 것이나 세상의 모든 영역을 그리스도께 돌리는 것이나, 모든 것의 출발은 열매의 여부와 관계없이 **여호와 하나님만으로 즐거워할 수 있는가**에 달려 있습니다. 이것은 코로나 이후 위축되고 침체한 한국 교회가 붙들어야 할 하나님의 말씀이기도 합니다. 카이퍼를 회복하신 하나님의 말씀을 우리도 붙들어야 합니다. 카이퍼는 이런 회복을 경험한 후에 그 유명한 성령론 책 『성령의 사역』(*The Work of the Holy Spirit*)을 저술합니다. 카이퍼의 성령론에서 성령은 개인의 성화와 교회의 부흥뿐만 아니라 세상 모든 영역에서 역사하십니다. 빈센트 바코트는 바로 이런 성령의 우주론적 사역과 일반 은혜(common grace)를 연결해서 카이퍼의 공공신학을 전개했습니다.[3] 우리를 구원하시고 회복하시는 성령은 우리가 일상과 공적 영역에서도 주님의 영광을 위해 살도록 역사하십니다.

그러므로 저는 카이퍼와 관련해서 두 권의 책을 준비해서 이번 기회에 첫 번째인 이 책은 온 세상을 위한 카이퍼의 신학을 다루고, 다음 기회에 교회를 위한 카이퍼의 신학을 다룰 예정입니다. 이 책에서는 주로 카이퍼의 기독교 세계관, 영역 주권, 공공신학을 다루고, 다음 책에서는 카이퍼의 창의적 교회론인 제도로서의 교회와 유기체로서의 교회를 중심으로 특별 은혜와 일반 은혜를 다룰 예정입니다. 이 책에서의 공적 영성과 다음 책에서의 개인 혹은 교회를 위한 영성이 구분될지라도, 한 성령님 안에서 우리는 교회뿐만 아니라 세상 모든 영역에 참여하고 변화의 씨앗이 될 수 있습니다.

마지막으로, 이 책의 내용은 마치 카이퍼 본인이 한국 교회 성도 여러분에게 직접 이야기를 들려주는 것처럼 서술되었다는 점을 말씀드리고 싶습니다. 어떤 분들은 제가 카이퍼로 행세하면서 잘난 체하는 건 아닌지 의구심이 들 수도 있습니다. 때로는 카이퍼 당시에 존재하지 않았던 책이나 인명을 언급하면서 시대착오가 아닌가 하는 의구심을 불러일으킬 수도 있습니다. 그런 오해가 생긴다면 그것은 전적으로 제 잘못이지 카이퍼의 잘못이 아닙니다. 미리 용서를 구합니다. 다만 이렇게 하는 것이 여러분이 카이퍼를 이해하는 데 더 도움이 될 것이라고 저는 판단했습니다. 따라서 이 책의 본문은 카이퍼가 말하는 것으로 저술했으며, 그 밖에 감사의 말, 들어가는 말, 나가는 말에서는 김은득이 화자임을 밝힙니다.

1부

지금의 한국 교회가
아브라함 카이퍼에
주목해야 하는 이유

1장_왕을 위하여: 삶의 모든 영역을 그리스도의 주권 아래!

한국 교회 성도 여러분, 혹시 손봉호, 강영안, 류호준, 신국원 교수의 공통점을 아시나요? 바로 그들 모두 제가 설립한 네덜란드 암스테르담의 자유 대학교(Vrije Universiteit)에서 공부했고, 자타가 공인하는 '카이퍼리안'(Kuyperian)이라는 점입니다. 물론 한국 외에도 제 모국인 네덜란드뿐만 아니라 캐나다, 미국, 남아프리카공화국에서 제 영향력은 웬만한 인싸(?)가 부럽지 않다고 하더군요. 하긴 제가 돌이켜 봐도, 거의 반세기에 이르는 1870년부터 1920년까지 네덜란드 정치와 문화 영역은 실질적으로 저를 중심으로 돌아갔다고 해도 과언이 아닙니다.

사실 저는 목회자와 신학자로 출발했지만 세상의 다양한 공적 영역에서 상당한 성취를 이루어 냈습니다. 특히 기독 민주당 정치가로서 저는 정통 칼뱅주의 색채를 띠는 민중을 정치적·문화적 소외로부터 해방하고 억눌린 그들의 목소리를 대변하기 위해 네덜란드 최초의 현대식 정당을 세웠습니다. 이후 직접 40년을 이끈 그 정당을 통해 몇 번이나 집권에 성공했을 뿐만 아니라 결국 저 자신이 총리까지 역임했습니다. 후대의 역사가 제임스 브래트는 인류 역사상 침묵과 압제를 당하는 비주류가 스스로 목소리를 내도록 각성시키는 데 성공한 사례로 마틴 루서 킹(Martin Luther King Jr.) 목사의 흑인 인권 운동과 제 정치적 활동을 제시합니다.[1]

비주류의 해방과 각성이라는 후대의 평가와 더불어 무엇보다 저 자신이 자랑스럽게 여기는 것은, 당시 세속화되어 가는 네덜란드에서 칼뱅주의자 개개인들이 자신의 기독교 세계관에 따라 충실하게 공적 영역에 참여하면서도 종교가 다른 사람들이나 비(혹은 반)종교적인 사람들의 확신도 충분히 인정하도록 한 점입니다. 이런 저의 노력은 현대 네덜란드에서 이념적 기초에 따라 분화(pillarization)된 정치·사회를 구성하는 데 큰 영향을 끼칩니다. 그러나 이념적으로 다양하게 분열된 정치 구조 속에서도 국가 전체의 공공선을 위해서라면 정파 간 상생과 타협을 중시했습니다.[2] 아마도 이 부분은 이미 다원주의 현실 속에서 살아가는 한국 교회가 종교적으로나 문화적으로 분열과 갈등을 조장하기보다는, 기독교 세계관에 충실하면서도 타자와 공생하고 공공선에 기여할 수 있도록 도울 수 있지 않을까 기대해 봅니다.

그러나 세속화되어 가는 네덜란드에서 하나님의 주권을 드러내기 위해 적극적으로 참여했던 정치 영역에서의 성공이, 역설적으로 저에 대한 가장 심각한 오해를 불러일으켰음을 여러분은 기억하셔야 합니다. 특히 1980년대 미국의 복음주의 목회자들이 저를 선례로 삼아 정치에 적극적으로 참여하면서 생긴 오해들이 상당합니다. "도덕적 다수"(Moral Majority)라는 보수적 기독교 단체를 만들어 낙태 및 동성애 반대 운동을 일으켰던 제리 폴웰(Jerry Falwell) 목사가 1980년 미국 대통령 선거 때 로널드 레이건(Ronald Reagon)을 지지하면서 정치 영역에 적극적으로 참여하고 그의 당선에 크게 기여하면서, 폴웰 목사와 제 공적 이력의 유사성이 주목을 받기 시작했습니다. 먼저, 저나 폴웰 목사 둘 다 지역 교회 목사로 시작했지만 국가 전체를 성경적 가치에 따라 개혁하기 위해 정치 영역에 참여했습니다. 다음으로, 개인의 경건을 최우선시하고 공적 영성에 무관심한 복음주의자들과 개혁주의자들을 각성시켜서 동시대의 세속적 자유주의와 인본주의에 대항하도록 했습니다. 마지막으로, 국가 전체를 개조하기 위해 기독교 교육 운동을 전개하고 풀뿌리 정치 네트워크 형성과 기독교 대학 설립(폴웰의 경우 Liberty University) 등 동일한 과정을 거쳤습니다.[3]

그뿐 아니라 1988년 미국 공화당 대통령 후보 경선에 직접 참여한 팻 로버트슨(Pat Robertson) 목사도 제 공적 이력과 동일한 과정을 거쳤습니다. 먼저, 시대와 문화에 뒤떨어졌다고 무시와 천대를 받으면서 공론장의 주변부로 밀려나 있던 그리스도인들을 대변하는 목소리를 제공했습니다. 제가 그런 목소리를 위해 신문[일간지 「더 스탄다르트」(*De Standaard*) 및 주간지 「더 헤라우트」(*De Heraut*)]을 활용했다면, 로버트슨 목사는 텔레비전(Christian Broadcasting Network)을 통해서 그렇게 했습니다. 다음으로, 기독교 세계관에 입각한 대학(로버트슨의 경우 Regent University)을 세워서 학문적 탁월함은 물론 세상을 변화시킬 수 있는 교두보를 마련했습니다. 마지막으로, 기독교적·역사적 상상력을 제시해서, 추종자들이 정치 사회적 활동, 특히 기독교적 가치에 부합하는 법률 제정 활동을 하는 데 영향을 끼쳤습니다.[4] 이런 의미에서 제임스 데이비슨 헌터(James Davison Hunter)는 "1980년대 이후 미국에서 교회를 지배한 공적 증언은 정치적 증언이었다"고 주장합니다.[5]

그런데 제가 경험한 다원화된 네덜란드 정치와 달리, 미국 복음주의 목회자들이 정치인으로 전향할 때 정치적 이념에 기독교적 가치가 종속된다는 문제가 있습니다. 왜냐하면 아무리 기독교적 가치에 따라 정치적 입장을 선택한다고 해도, 매우 강력하게 이원화된 미국 정치 영역에 들어가는 순간 최선이든 차선이든 편향된 정치적 선택을 할 수밖에 없기 때문입니다. 실제로도 폴웰 목사나 로버트슨 목사는 모두 일방적으로 공화당을 지지했습니다.

사실 이와 같은 목회자들의 정치적 편향성 문제는 미국보다 한국이 더욱 심각하기에, 한국 교회 성도들이 제 정치 참여를 그런 편향성의 일례 혹은 변명으로 치부하지 않을까 두렵기도 합니다. 물론 저도 한낱 인간에 불과하기 때문에 그런 편향성이 없지 않겠습니다만, 다원화된 정치 영역에서 분명하게 소신을 지키면서도 상생할 수 있는 길에 대해 저 자신이 충분히 할 말이 있으니 귀를 기울여 주시면 좋겠습니다.

굳이 저와 한국 목회자들의 직접적 정치 참여에 있는 차이점을 강조하자면, 무엇보다 저 자신은 종교와 정치 영역을 명확히 구분하고 각각의 **영역 원리**에 충실하게 접근했습니다. 그러나 한국의 진보적 목회자들은 자신들이 선호하는 정치인을 하나님 나라의 가치를 실현하는 메시아처럼 바라보는 경향을 통해 정치를 종교화하고, 또한 한국의 보수적 목회자들은 하나님의 뜻과 계시를 통해 자신들이 혐오하는 정치인에 대한 표적 설교를 하거나 정파에 편향된 발언을 함으로써 종교를 정치화합니다. 즉 한국에서는 목회자가 직접적으로 정치 무대에 나설 때 역설적으로 복음이 아닌 한 정파의 대변인이 된다는 점에서, 저는 여러분의 걱정을 충분히 이해합니다. 미국을 방문했을 때도 제 기독 민주당 성향 때문에 한 지역 신문사에서 저를 민주당원으로 표기한 적이 있습니다. 그러나 저는 공화당이나 민주당 어디에도 속하지 않기에 그 표기를 빼달라고 부탁했습니다.

또한 이런 정치적 편향성뿐만 아니라, 대부분의 미국 복음주의자들이 인정하듯이, 복음주의자들의 정치 참여가 실질적으로 미국 사회와 문화를 바꾸지 못했다는 것도 문제입니다. 기독교 가치에 부합하는 입법 활동에 성공할 때마다 정치적 승리주의에 도취되면서, 오히려 미국 기독교의 세속화를 가속시켰습니다.

「뉴욕 타임스」 베스트셀러 작가인 로드 드레허(Rod Dreher)도 이 부분을 강조하면서 새로운 유형의 기독교적 정치로 "베네딕트 옵션"을 주창했습니다. 입법 활동이나 이슈 중심의 정치 참여에 주력하는 것은 충분하지 않으며, 교회가 베네딕트 수도원과 같은 대항문화 공동체로서 세속화의 거친 파도를 견뎌낼 수 있도록 준비되어야 한다는 것입니다. 이를 위해 기독교적인 인격과 심성을 배양하기 위해 베네딕트 규칙을 활용하고 기독교 교육, 기독교 노

동, 기독교 마을 등 하위문화의 사회 관계망을 실질적으로 형성해야 한다고 주장합니다.[6]

그런데 로드 드레허가 "탈기독교 시대를 사는 그리스도인의 선택"으로 제시하는 베네딕트 옵션을 저는 이미 네덜란드 사회에서 실행했고 상당한 열매를 맺었습니다. 미국 복음주의 목회자들이 정치에 참여할 때 제 정치적 성공을 벤치마킹한 것이 사실일지라도, 실질적으로 제가 조직한 하위문화의 사회 관계망 형성 부분을 영혼 없이 따라했다고 해도 과언이 아닙니다. 제가 정치적 승리를 쟁취한 것은 사실이나, 제가 결성한 기독교적 사회 관계망 형성은 마틴 루서 킹 목사가 했던 것과 같은 일종의 해방 운동 성격을 띱니다.

흑인 해방 운동처럼, 목적은 정치적 승리 자체가 아니라, 그저 제가 대변하는 사람들이 편견과 무시에서 벗어나 동등한 투표권이나 수업 받을 권리를 획득하는 데 있었습니다. 이런 면 때문에, 자타가 공인하는 카이퍼주의자 니콜라스 월터스토프(Nicholas Wolterstorff)는 1981년 암스테르담 자유 대학교에서 저를 기념해 개최한 강좌에서 저와 해방 신학의 유사성까지 주장할 정도였습니다.[7]

또한 저의 공적 활동은 개인적 경건과 결코 분리되지 않았습니다. 저는 경건과 사회 참여를 이원론적으로 분리해서 바라보는 루터파 관점을 신학적으로 가장 많이 공격했습니다. 여러분도 잘 기억하시겠지만, 제 삶의 궁극적 모토는 삶의 모든 영역에서 하나님의 주권을 드러내는 것입니다. 저 자신이 얼마나 하나님의 임재를 애타게 그리며 목말라했는지 궁금하신 분들은 미국 캘빈 신학교의 총장을 역임했던 제임스 드 용(James De Jong)이 최근 영어로 번역한 제 책 『반석에서 나오는 꿀』(Honey from the Rock)을 꼭 읽어 보시기를 바랍니다.[8]

그러므로 저 자신과 미국 복음주의자들의 정치 참여를 올바르게 구분해 살펴본다면, 이론에 그치지 않고 실제로 현실 세계를 변화시켰던 제 공공신학이 나름대로 한국 교회에 도움이 될 것입니다. 한국 교회는 지금 세속화의 위협 가운데, 세상의 빛과 소금이 되기보다는 세상만큼이나 죄악에 빠지는 경우가 많다는 소식을 들었습니다. 세상이 한국 교회를 걱정하는 지경에 이르렀다고도 합니다. 그런 차원에서 한국 교회의 공공성 회복을 시급하다는 목소리가 힘을 얻고 있습니다. 그러나 공공성 회복을 미국 복음주의의 경우처럼 공적 영역, 특히 정치 영역에서의 영향력 증가로 인식해서는 안 됩니다. 모든 영역에 하나님의 주권이 드러나는 것은 한국 교회가 정치적 영향력을 발휘할 때가 아니라, 오직 그리스도의 왕권 아래 살아갈 때 가능합니다. 왕을 위하여(Pro Rege)!

【 함께 생각해 볼 문제들 】

1. 한국(혹은 미국) 복음주의 교회의 정치 참여에 대해 어떻게 생각하는가? 한국 교회는 정치적 편향성을 어떻게 극복하고 한국 사회 전체의 공공선에 기여할 수 있을까?

2. 어떻게 교회는 신자들이 삶의 모든 영역에서 하나님의 주권을 드러내도록 도울 수 있는가? 공적 제자도를 위해 교회가 하위문화의 사회 관계망을 형성하는 것이 필요하다고 보는가?

2장_한국 교회의 공공성 회복: 미국식 칼뱅주의를 극복하려면

한국 교회 성도 여러분, 제가 1898년 가을에 뉴저지의 아름다운 프린스턴 신학교에서 세계관으로서의 칼뱅주의(Calvinism as Worldview)를 주창할 때, 눈에 보이는 듯한 칼뱅주의의 장밋빛 미래로 인해 벅차오르는 감정을 억누를 수 없었습니다.

당시 프린스턴 신학교는 미국에서 가장 큰 신학교로서 훌륭한 교수진과 아름다운 건물들을 보유했고, 특히 수많은 장서와 신간들이 가득 찬 도서관이 있었습니다. 제가 설립한 자유 대학교보다도 더 많은 (외국) 학생들을 유인하고, 미국 내 정통 칼뱅주의의 최후 보루 역할을 넉넉히 해내는 곳이었습니다. 그런 프린스턴에서 칼뱅주의에 대해 강연할 때, 저는 그저 미국의 한 신학교가 아니라 미국 전체를 대상으로 강연한다고 느꼈습니다.[1]

저는 비전의 사람답게, 유럽에서 시작한 칼뱅주의가 미국 전체를 넘어 아시아로, 궁극적으로 전 세계로 확산되리라고 확신했습니다.• 그러나 여러분이 더 잘 아시겠지만, 제 예상은 실제로는 보기 좋게 빗나갔습니다. 오히려 "미국 칼뱅주의에 장밋빛 미래는 없다"고 단언한 제 후배 신학자 헤르만 바빙크의 예상이 더 맞아떨어졌습니다.[2]

왜 바빙크는 저와 달리 미국 칼뱅주의에 대해 비관적이었을까요? 더욱이 미국의 경우는 건국 과정에서 청교도로 대표되는 칼뱅주의가 이념적으로 영향을 끼친 것이 아닙니까? 우선 제가 간과한 것은 1890년대 프린스턴 신학교의 상황입니다. 1893년에 게할더스 보스(Geerhardus Vos)가 그랜드래피즈의 작은 신학교(Theological School in Grand Rapids, 현재의 캘빈 신학교)를 떠나 프린스턴 신학교의 새로운 성경 신학 분과 학장이 됩니다. 그때 저는 보스가 그 조그만 시골 신학교에서 온갖 격무에 시달리며 조직 신학을 가르치는 것을 인간적으로 안타까워하던 차에, 더 좋은 환경의 신학교로 이동하는 것을 매우 격려했던 기억이 납니다.

그러나 프린스턴 신학교 입장에서 보스를 임명한 것은 찰스 브릭스(Charles A. Briggs) 박사가 뉴욕의 유니언 신학교(Union

---

• 우리 눈에 태양은 동쪽에서 서쪽으로 움직이는데, 사실은 지구가 서쪽에서 동쪽으로 자전하기 때문이다. 코페르니쿠스의 지동설(heliocentrism)은 지구가 우주의 중심이고 그 지구의 중심에 교회가 있으며 교회가 전 우주의 영역을 통치해야 한다는 로마 가톨릭 교회의 세계관(천동설)을 뒤흔든다. 19세기는 "위대한 선교의 세기"로 알려져 있는데, 그 선교의 방향은 복음의 서진이라고, 즉 태양이 동쪽에서 서쪽으로 움직이듯 복음 전파가 이루어진다고 믿어 온 것이다. 더욱이 복음이 전파되는 곳마다 문명이 발달할 것이라는 이론은 제국주의의 확장에도 상당한 영향을 끼쳤다. 카이퍼도 19세기 인물로서 칼뱅주의가 유럽에서 미국, 미국 내에서도 동부에서 서부로, 미국에서 중국으로 확장될 것으로 믿었다. 한국의 선교도 백투예루살렘 운동에서 볼 수 있듯 제국주의적 독선의 태도와 결합한 복음의 서진 이론이 주류를 이룬 적이 있다.

Seminary)에서 성경 신학을 조직 신학과 완전히 분리하면서 (특히 프린스턴의) 정통주의를 공격하고 자유주의의 영향력을 극대화하는 것에 대한 방어적 성격이 강했습니다.[3] 이후 반세기의 장로교 역사, 더 나아가 미국 기독교 역사는 유니언 신학교의 공적 영향력을 보여 줍니다. 유니언은 미국의 공론장에서 강력한 영향력을 발휘했을 뿐만 아니라, 장로교단 내에서도 프린스턴보다 더 광범위한 지지를 얻습니다.

20세기 전반부 유니언의 공공성에 대해 물으신다면, 저는 폴 틸리히(Paul Tillich), 라인홀드 니부어(Reinhold Niebuhr), 디트리히 본회퍼(Dietrich Bonhoeffer)를 언급하는 것만으로도 충분하다고 여깁니다. 공적 권위가 이와 같이 프린스턴에서 유니언으로 이동한 것은 보스가 바빙크에게 보낸 개인 서신에도 이미 잘 드러납니다. "프린스턴에서 우리는 투쟁하고 있네. 그런데 어떤 승리를 거둘지 확실하지 않지. 최악은 독일 신학과 역사 비평주의가 미국의 모든 교단, 모든 신학 분과에서 강력하게 나타난다는 점이고. 심지어 브릭스의 극단적인 경우에서도 우리가 사람들을 설득하는 데 애를 먹고 있으니 말이야."[4]

이런 면에서 볼 때, 프린스턴이 저를 스톤 강좌(Stone Lectures)의 연사로 초대한 것은 미국에서 점점 영향력을 잃어가는 프린스턴의 정통주의에 대한 변호를 위함이었습니다. 그러나 저는 신학적으로나 문화적으로 영향력을 확대해 가고 있는 자유주의의 도전 앞에서 프린스턴을 변호하러 미국에 가지 않았습니다. 오히려 자유주의자들의 트레이드마크가 된 공공성을 회복하라고 미국 칼뱅주의자들에게 도전하러 갔습니다. 세계관으로서의 칼뱅주의를 통해 종교, 정치, 학문, 예술 등의 영역에서 하나님의 주권을 드러내라고 말입니다.

무엇보다 프린스턴 신학교와 웨스트민스터 신학교(Westminster Theological Seminary, PA)로 대표되는 미국 개혁파 신학교는 교리적 색채를 매우 강하게 띠는, 이른바 신앙고백적 신학교였습니다. 그러나 제가 생각하기에 신앙고백적이라는 특징은 단순히 신학과 교단에만 적용되지 않고, 삶의 모든 영역을 아우릅니다.

칼 바르트(Karl Barth) 이후 현대 신학에서 신앙고백적이라는 말의 의미가 신학이나 교단 자체의 헌법 조항에만 적용되는 것으로 축소되었지만, 사실 종교개혁가들, 특히 칼뱅(Calvin)이 염두에 두었고 17세기의 개혁파 신학자들이 생각한 신앙고백 형성의 의미는 종교 영역을 넘어 개혁파 대학(제네바 대학교, 하이델베르크 대학교, 레이던 대학교 등)을 세우고, 개혁파 (도시) 국가(제네바, 취리히, 네덜란드 등)를 세우는 데 있습니다.

그러나 미국은 정교가 분리된 사회이고 따라서 더 이상 기독교 국가(Christendom)는 불가능한데, 어떻게 그런 구체제(ancien régime)를 세우는 것이 가능하냐고 질문할 수 있습니다. 제가 삶의 모든 영역을 아우르는 세계관으로서의 칼뱅주의에 대해 강연할 때, 바로 후기 기독교(post-Christendom) 사회에서 기독교가 어떻게 공공성을 획득할 수 있을지에 대한 고민을 담은 것입니다.

이해를 돕기 위해 에른스트 트뢸취(Ernst Troeltsch)를 인용하자면, 그는 기독교 교회의 사회적 모델을 국가 종교가 된 교회 모델

(the church type)과 거기에 속하지 못한 분파 모델(the sect type)로 구분합니다. 교회 모델은 국가 내 공공성을 획득한다는 강점이 있지만 교리적 순수함이 훼손될 수 있다면, 그와 반대로 분파 모델은 교리적 순수함을 지킨다는 강점에도 불구하고 교회의 공공성을 훼손할 수 있습니다.[5]

사실 칼뱅주의는 역사적으로 교회 모델을 취했지만, 개혁파 국가에서 교리의 순수성을 지키면서도 공적 역할을 충분히 감당했습니다. 그러나 제가 정통 교리 훼손을 이유로 국가 교회인 네덜란드 개혁교회(Nederlandse Hervormde Kerk)와 분리해서 새로운 개혁파 교단을 세웠을 때 제기된 비판이 바로 분파주의자(Sectarian)로서 공공성을 어떻게 획득하느냐의 문제입니다. 이런 이유로 저는 세계관으로서의 칼뱅주의를 주창했고, 이는 교리적 순수함을 충분히 지키면서도 공공성을 결코 포기하지 않는 것이었습니다.

그러나 종종 미국에서는 용어나 개념, 혹은 현상을 한 측면으로 축소 혹은 환원해서 강조하는 경향이 있습니다. '이반젤리컬스'(evangelicals)라는 용어는 유럽에서 개신교인으로 통용되지만, 미국에서는 복음주의자로 축소 혹은 환원해서 사용합니다. 마찬가지로, 웨스트민스터 신학교 설립식에서 미국의 아브라함 카이퍼(American Abraham Kuyper)로 불리는 메이첸(J. G. Machen)은 제가 네덜란드에서 이룩한 성취를 웨스트민스터의 이상적 모델로 제시하면서 제 강연 "칼뱅주의 강연"의 일부를 인용합니다. 그러나 메이첸이 인용하면서 강조한 것은 삶의 모든 영역을 아우르는 세계관이 아니라 교리적 순수함입니다. 저와 바빙크의 뒤를 이어 교의학 교수가 된 헤프(V. Hepp)는 메이첸을 가리켜 "칼뱅주의 세계관을 위한 전사"(Warrior for the Calvinist Worldview)로 지칭했는데,[6] 실상은 세계관을 정통 교리로 축소 혹은 환원시켰던 셈입니다.

물론 메이첸과 웨스트민스터 신학교는 그 비전에 걸맞게 정통 교리를 수호하는 감시견 역할을 충분히 해냈고, 특히 한국의 정통 칼뱅주의자들에게 거의 독보적인 영향을 끼쳤습니다. 제가 설립한 자유 대학교의 명칭이 교단과 정부와 관련해 자유롭다는 것을 강조했듯이, 웨스트민스터 신학교도 어떤 교단에도 속하지 않기로 결정하면서 교권의 간섭에서 자유로운 신학교를 지향했습니다.

특히 설립 당시의 교수진들, 대표적으로 반틸(Van Til), 카이퍼(R. B. Kuiper), 스톤하우스(N. B. Stonehouse)에게서 볼 수 있듯이,• 웨스트민스터의 네덜란드 관련성과 지향성은 엄청났습니다. 무엇보다 메이첸과 저는 교회와 사회 전반에 만연한 모더니즘(modernism, 근대주의)에 대항해서 새로운 교단과 학교를 세웠다는 공통점이 있습니다.

그러나 저와 다르게, 미국의 아브라함 카이퍼와 미국식 칼뱅주

• 반틸은 네덜란드 태생이며, 미국 이민자로서 기독 개혁 교단(Christian Reformed Church) 배경에서 자랐다. 카이퍼도 네덜란드계이며, 바빙크의 후임인 헤프 교수의 지도로 자유 대학교에서 박사 논문을 완성한다. 스톤하우스도 네덜란드 자유 대학교에서 신약학 박사 학위를 취득했다.

의는 전형적인 분파주의 문제를 극복하지 못했습니다. 공공성 획득은 고사하고, 교리적 순수함을 강조할수록 계속된 분열과 갈등에 처합니다. 메이첸은 먼저 개신교 세계에서 자유주의에 대항했고, 이후 미국 장로교(Presbyterian Church USA)에서, 그리고 프린스턴 신학교에서 자유주의에 대해 충분히 전투적이지 않은 데 실망해서 새로운 교단(Presbyterian Church in America)과 신학교를 설립합니다. 이런 분열적 사고방식은 메이첸의 후예들에게도 이어져서, 이후에 이 교단은 메이첸과 궤를 같이하는 5,549명의 구성원들로 이루어진 정통 장로교(Orthodox Presbyterian Church, OPC)와 분열합니다.

제가 메이첸에게 인간적으로 아쉽게 느끼는 측면은, 그가 너무나 전형적인 미국 남부 명문가 출신이라는 점입니다. 그는 당시 남부 귀족층에서 보이는 "공격 아니면 죽음"(attack and die)의 철학을 공유했을 뿐만 아니라, 약간이라도 자신의 비전과 일치하지 않는 대상들과는 연대하지 않는 경향을 보여 줍니다.[7] 교단이나 교회의 신앙고백, 즉 웨스트민스터 신앙고백에 동의하지 않거나 더 나아가 그 신앙고백에 합당하지 않은 사람들은 반드시 제거되어야 할 것처럼 말입니다.

반틸 이후에 웨스트민스터 신학교의 이런 순혈주의 경향은 더욱 강화됩니다. 바르트가 개혁파인지 아닌지에 대한 논쟁, 즉 바르트가 우리 편이냐 아니냐가 주된 신학적 관심사 가운데 하나가 되었습니다. 심지어 반틸은 가장 탁월한 개혁파 신학자인 바빙크조차 『개혁교의학』에 중세 철학(대표적으로 로고스 이론)을 활용한다고, 충분히 성경적이지 않을 뿐만 아니라 개혁파적이지도 않다고 비판합니다. 더 나아가 OPC 교단은 자체의 모든 기준을 통과하지 못한 타 교단 및 신학교와는 어떤 공식적인 왕래, 심지어 서신 교환까지 거부합니다. 이것이 가져온 중요한 결과 가운데 하나가 OPC 50주년에 그 교단의 구성원이 겨우 19,422명이었다는 점입니다. 놀랍게도 메이첸이 웨스트민스터 신학교 설립식에서 인용한 제 "칼뱅주의 강연"이 일종의 예언이 되어 버린 셈입니다. "개혁파 교회가 건강하고 생명으로 충만하다면, 개혁파 교회의 인원이 적어도 상관없습니다."[8]

그러나 교리적 순수함에만 집착한 나머지, 당시 자유주의라고 손가락질하는 미국 주류 교단이 애쓰던 공공성을 포기한 것이 정말로 건강한 모습일까요? 한국 교회 성도 여러분, 제게 기회가 주어진다면 메이첸과 반틸에게 반드시 바빙크의 저작 『교회의 분열에 맞서: 기독교와 교회의 보편성에 대하여』(*De Katholiciteit van Christendom en Kerk*, 도서출판100)를 선물하고 싶습니다.[9] 메이첸이 웨스트민스터 신학교 설립식에서 기독교와 교회의 보편성에 대한 바빙크의 주장을 인용했더라면, 미국 개혁파의 역사는 확실히 지금보다 더 나은 모습으로 전개되었을 것입니다. 부디 한국 교회가 미국 칼뱅주의의 전철을 그대로 밟지 않기를 기도합니다.

교회의 순결과 공공성을 양립 불가능한 것으로 여기는 분들은 오해하지 마십시오. 바빙크가 앞에서 언급한 책에서 잘 제시하듯이, 기독교와 교회의 보편성, 즉 공공성은 성경이 주장하고 기독교의 역사가 지지하는 것으로, 이에 대한 우리의 신앙고백을 요구합니다. 우리를 구원하신 삼위일체 하나님은 천지를 만드신 창조주이십니다. 세상의 모든 것이 하나님에게서 나오고, 하나님으로 말미암고, 하나님에게로 돌아갑니다(롬 11:36). 사도신경의 거룩한 공교회와 성도의 교제가 우리의 신앙고백이 되어야 합니다.

【 함께 생각해 볼 문제들 】

1. 웨스트민스터 신학교로 대변되는 미국 (보수) 칼뱅주의의 장단점을 말해 보라. 또한 유니언 신학교로 대변되는 미국 (진보) 자유주의의 장단점을 말해 보라. 지금 한국 복음주의 교회에 시급한 부분이 교리적 순수함보다는 교회의 공공성이라는 저자의 관점에 동의하는가? 동의하거나 동의하지 않는 이유는 무엇인가?

2. 당신은 공공신학이 자유주의 신학의 전유물이라고 생각하는가? 교회의 공공성 회복이 성경적이며 신앙고백적이라는 카이퍼의 생각에 동의하는가? 한국 복음주의 교회가 어떻게 기독교의 특수성을 훼손하지 않으면서 보편성(공공성)을 잘 드러낼 수 있을지에 대해 말해 보자.

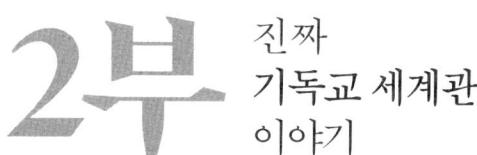

2부 진짜 기독교 세계관 이야기

3장 _ 기독교 세계관: 위기와 혼돈의 시대를 극복하는 힘

한국 교회 성도 여러분, 코로나 전염병이 야기한 위기의 시대에는 더욱더 탁월한 리더십이 필요합니다. 교회는 무엇보다 리더십을 위해 기도해야 합니다. 여러분에게도 잘 알려진 미국 웨스트민스터 신학교의 설립자인 메이첸은 미국에도 아브라함 카이퍼 같은 참된 기독 정치인을 허락해 달라고 하나님께 기도한 적이 있습니다. "우리는 하나님께서 (미국에도) 미국의 아브라함 카이퍼, 진정한 기독 정치인을 보내 달라고 기도합니다."[1]

메이첸이 OPC 교인들에게 미국의 아브라함 카이퍼로 여겨졌을 때, 어쩌면 이 기도가 실제적으로 응답된 측면이 있습니다. 사실 메이첸과 저는 교회와 사회 전반에 만연한 모더니즘에 대항해서 새로운 교단과 학교를 세웠다는 공통점이 있습니다. 특히 메이첸이 웨스트민스터 신학교 설립식에서 제 "칼뱅주의 강연"을 인용한 것은 우리 둘의 관계를 여실하게 보여 줍니다.[2]

그러나 저는 한국 교회 성도들에게 저와 메이첸의 차이점을 더욱 강조해야 할 필요성을 느낍니다. 왜냐하면 한국 교회가 받아들인 카이퍼는 사실 제 본연의 모습이라기보다는 미국화된 아브라함 카이퍼에 더 가깝기 때문입니다. 또한 작금의 한국 교회에 무엇보다 시급한 것은 교리적 순수함이 아니라 공공성 회복이라는 점에서 더욱 그렇습니다.

한국 교회에는 웨스트민스터 신학교 출신 신학자와 목회자가 즐비하다고 들었는데, 메이첸이 제 강연의 일부를 인용했을 때 무엇을 강조했는지 아시는 분들도 계실 것입니다. 그러나 저의 『칼뱅주의 강연』을 읽어 보신 분들의 예상과 달리, 혹은 너무나 실망스럽게도, 메이첸은 제가 그토록 강조했던 세계관으로서의 칼뱅주의를 전혀 언급하지 않았습니다. 오히려 메이첸은 자신과 추종자들의 상황에 걸맞게, **정통 칼뱅주의 교리를 방어하기 위한** 새로운 개혁파 교단과 신학교의 중요성을 강조했습니다. 바로 이 역사적 전환점이 제 본연의 모습과 다른 미국식 아브라함 카이퍼를, 더 나아가 미국식 개혁파의 특징을 상징적으로 잘 보여 줍니다.

저에게 칼뱅주의는 그저 교단이나 신학의 영역에 제한된 것이 아니라 삶의 모든 영역을 아우르는 것으로, 일종의 세계관입니다.[3] 여기서 세계관(Weltanschauung, world-and-life view)이라는 것은 사실 제가 창안한 것이 아니라 임마누엘 칸트(Immanuel Kant)가 착안하고 독일 관념론자들이 유행시킨 용어입니다.[4]

계몽주의 시대 이전의 유럽은 개개인의 신앙이 무엇이든지 초월적 세계관이 우세했고, 대표적으로 기독교는 유럽 전체를 하나 되게 이끄는 종교였습니다. 그러나 이성(reason)의 자율성을 원칙으로 삼아 세워진 모더니즘의 세계관은 정치 영역에서 프랑스 혁명을, 학문 영역에서 자연 과학 혁명을, 사회 영역에서 사회주의 혁명을 이끌면서 유럽인들의 삶과 그들이 살아가는 세상을 설명하고 해석하는 지배적인 체계가 됩니다. 또한 세속화 과정, 즉 근대성(modernity)에 기반을 둔 사회 분화 과정은 공적 영역들, 특히 정치와 학문 영역에서 더 이상 유신론적 사고가 필요 없으며, 신앙과 종교는 그저 사적 영역에서 개인의 신념과 견해로 기능할 뿐이라고 강조했습니다. 아니, 심지어 유신론적으로 각각의 삶의 영역을 설명하고 해석하는 것만큼 구시대적이며 미신적인 것도 없다고 여겼습니다. 심지어 이런 사회적 발전, 즉 근대화(modernization)는 현대인들을 종교라는 미몽에서 깨어나게 하면서 종교 자체를 없앨 것이라는 과격한 주장도 있었습니다.[5] 이런 역사적 배경에서, 저는 기독교적 관점으로 세상을 설명하고 해석하고자 시도한 것입니다.

그런데 이른바 세계관이라는 틀을 통해 우리 각자의 주체적 삶과 객관적 세상의 실재들을 바라보고 해석하는 것은 근대주의자들의 방법론입니다. 근대주의자들은 다양한 삶과 세상의 실재들을 유기적으로나 기계적으로 하나 되게 연결하는 원리로 체계화하기를 바랐습니다. 이 세상을 설명하는 대표적 원리로 발달(development) 개념이 있는데, 자연 과학의 영역에서는 진화(evolution)로, 사회 과학의 영역에서는 진보(progress)로 통용됩니다.

물론 세계관적 방법론이 가지는 환원주의적 경향은 우리가 경험하는 세상의 다양성을 단순화할 때가 많습니다. 그러나 인간은 본질적으로 다양한 현상들에 머무는 것이 아니라 그 현상들 너머의 무언가를 추구하게 되어 있다는 점에서, 이 근대주의자들의 기획은 충분히 의의가 있다고 할 수 있습니다. 더욱이 현대인들이 경험한 세상의 변화들, 혁명으로 묘사되는 급진적 변화들(산업 혁명, 과학 혁명, 프랑스 혁명, 사회주의 혁명 등)은 누군가의 설명과 해석을 요구했습니다. 이런 급진적 변화의 상황은 세계관이라는 용어가 19세기에 유행한 이유를 설명합니다.

그렇다면 세상에 대한 나름의 설명과 해석이 무엇이든지 세계관이라는 정의에 포함될까요? 세계관이라면 적어도 인간이 경험하는 근본적 관계들(예를 들어, 인간과 인간의 관계, 인간과 세상의 관계, 인간과 신의 관계)이나 다양한 삶의 영역에 포괄적으로 적용할 수 있는 원리를 가지고, 일관성 있게 그 영역들을 설명하고 해석할 수 있어야 합니다. 모더니즘은 인간의 이성이라는 원리를 통해 인간의 삶과 세상을 설명하고 해석할 수 있다는 측면에서 세계관에 속한다고 볼 수 있습니다.

유럽에서 맹위를 떨친 모더니즘은 네덜란드에서도 신학(종교)에서부터 정치, 학문, 예술 등 삶의 모든 영역을 아우르는 강력한 세계관이 되었습니다. 그러나 모더니즘 세계관에 기반을 둔 다양한 정책들, 특히 무신론적 교육 정책(예를 들어, 가치 중립을 근거로 무신론적 교육을 제공하는 학교에만 국가가 재정 지원을 하는 정책)은 유신론적 관점을 가진 학부모들과 그런 가정에서 자라난 학생들의 양심을 크게 불편하게 했습니다.

저는 인간이 어떤 정체성을 가지든지 인간으로서 동등하게 누릴 수 있는 권리와 자유가 침해되어서는 안 된다고 생각합니다. 그런데 누군가에게는 종교를 가진 신자라는 정체성이 어떤 성, 인종, 지위, 민족 등에서 획득하는 정체성보다 더 강력할 수 있기에, 그것이 타인에게 피해를 주지 않는 한 동등한 대우를 받을 권리가 있다고 보았습니다.• 그러나 제 모국에서는 대다수의 가난하고 배우지 못한 개혁파 성향의 민중이 부유한 엘리트 중심의 모더니즘 신봉자들에게 무시당하며 이렇다 할 사회 정책적 보호를 받지 못하던 상황이었습니다.

아시는 분은 아시겠지만, 제 인생의 두 번째 회심은 제가 처음 사역했던 교회에서 일어났습니다. 네덜란드 최고의 대학에서 모더니즘 신학을 배운 저 자신이 사회 경제적 하층민 여성 발투스(Baltus)의 삶에서 하나님의 절대 주권이라는 개혁파 세계관이 얼마나 강력하게 표현되는지를 보았기 때문입니다. 물론 그녀는 그 세계관을 체계화할 수 있는 학문적 소양을 갖추지 못했지만 말입니다. 저는 그 회심을 기반으로, 철저하게 개혁파 성향인 대중을 대변하기 위해 칼뱅주의 세계관에 기초한 다양한 하부문화의 사회적 관계망(즉 언론 기관과 정당, 대학, 교단, 교원 및 노동의 조합 등)을 조직했습니다. 칼뱅주의 세계관에 기반을 둔 개혁파 민중 해방

• 기독교 세계관에 기반을 둔 카이퍼의 교육 철학을 다음에서 보라. Abraham Kuyper, *On Education* (Bellingham, WA: Lexham Press, 2019). 카이퍼는 이 책에서 기독교 학교 운동을 전개하는데, 그 근거들로 (1) 학부모들이 "양심의 자유"에 따라 자녀를 교육할 수 있는 권리, (2) 인간 경험과 지식에서 개인의 신앙이 하는 중심 역할, (3) 학교에서 배운 지식과 가정에서 양육된 가치가 자녀의 교육에서 일관성 있게 연합될 필요성 등을 제시한다.

운동은 제 모국에서 상당한 성공을 거두었습니다.

저 자신이 미국 프린스턴 신학교에서 제시한 칼뱅주의는 기존의 교리나 교단 신학이 아니라, 세계관으로서 모더니즘에 대항하기 위해 세워진 것입니다.[6] 이런 면에서 기독교 세계관 운동은 시작부터 반립적(antithetical)이며, 전투적 측면이 있습니다. 그러나 제가 모더니즘을 비판한 가장 큰 이유는 그것이 다양성을 부정하고 획일성을 강요하기 때문입니다.[7] 제가 꿈꾸는 네덜란드는 튤립만 획일적으로 심어진 꽃밭이 아니라, 다양한 꽃이 그 자체의 아름다움으로 경쟁하는 꽃밭입니다. 그런 면에서 기독교 세계관은 구조화된 다원주의를 받아들이면서도, 그 자체의 확신을 가지고 경쟁에 임하게 하는 것입니다.

제가 제시한 칼뱅주의는 또한 기존의 신학 서술 방식인 '로치'(loci, 주제 또는 분야)를 따라 구성되지 않았습니다. 여러분도 잘 알다시피, 저는 삶의 모든 영역에 대한 하나님의 주권을 칼뱅주의의 중심 원리로 삼았습니다.[8] 그 중심 원리 위에 몇몇 신학적 원리(영역 주권, 예정, 일반 은혜 등)를 가지고 삶의 다양한 영역들에 참여할 수 있도록 했습니다. 즉 하나님의 절대 주권은 삶의 각 영역에서 영역 주권(sphere sovereignty)을 통해 행사됩니다. 가령 학문 영역에서는 진리가, 예술 영역에서는 아름다움이, 정치 영역에서는 정의로움을 통해 하나님의 주권이 행사되는 것입니다.[9]

그뿐 아니라, 기존의 예정 교리가 신론이나 구원론에 속했다면, 저는 예정 교리를 통해 하나님께서 어떻게 한 개인과 직접적인 관계를 맺으시는지에 관심을 가졌습니다. 이런 면에서 인간은 누구나 하나님 앞에 동등하고, 각자가 양심의 자유를 가지고 하나님과 관계를 맺을 수 있다고 보았습니다. 그것이 바로 영국이나 미국 같은 나라에서 확장된 정치적 자유의 기원이라고 주장했습니다.[10] 또 성경과 칼뱅 안에서 발견한 일반 은혜 교리를 통해 신자들이 학문이나 예술 영역에 적극적으로 참여하도록 도왔습니다.[11]

최근 몇몇 학자들이 공공신학을 공적 영역에 참여할 수 있도록 돕거나 공적 이슈들에 참여하는 것으로 해석한다면, 바로 제가 세계관으로 제시한 칼뱅주의가 일종의 공공신학이 되는 셈입니다.[12] 저는 모더니즘에 대항하기 위해 적극적으로 모더니즘의 방법론, 즉 세계관을 활용했습니다.

사실 이런 방법론의 활용으로 인해 등장한 신칼뱅주의라는 용어는 기존의 칼뱅주의와 다르다는 조롱이었습니다.[13] 그러나 저는 일반 대중도 쉽게 이해할 수 있는 세계관으로서의 칼뱅주의를 통해 적극적으로 개혁파 대중이 공적 영역에 참여하고, 다양한 세계관과 경쟁하며, 특히 획일적인 세속성을 강조하는 모더니즘에 대항해 싸우도록 독려한 것입니다.

이런 의미에서, 칼뱅주의는 제가 네덜란드에서 성취한 개혁파 민중 해방 운동의 성공을 가져왔습니다. 만일 하나님이 저와 같은 지도자를 한국 교회에, 그리고 한국 정치에 허락하신다면, 무엇보다도 그런 지도자는 추종자들로 하여금 세상을 등지게 하는 것이 아니라 적극적으로 현실에 참여하게 해야 합니다. 그러기 위해서 우리 모두에게 반드시 필요한 것이 기독교 세계관입니다.

【 함께 생각해 볼 문제들 】

1. 카이퍼가 전통적 신학 서술 방식이 아니라 세계관으로서의 칼뱅주의를 틀로 사용한 이유는 무엇이라고 생각하는가? 왜 카이퍼는 세계관으로서의 칼뱅주의를 구성할 때 근대주의자들의 방법론을 차용했는가? 카이퍼의 칼뱅주의 세계관은 근대주의의 획일성 혹은 환원주의를 극복했는가? 세계관으로서의 칼뱅주의를 주장할 때의 장단점을 논의해 보라.

2. 카이퍼의 세계관과 이를 추종하는 한국의 기독교 세계관 운동을 비교해 보라. 한국의 기독교 세계관 운동이 위기와 혼돈의 시대를 극복할 수 있는 대안인지를 다음의 질문들을 중심으로 평가해 보라. 첫째, 한국의 기독교 세계관 운동은 대중 친화적인가? 둘째, 한국의 기독교 세계관 운동은 공적 영향력을 확보했는가?

4장 _ 신칼뱅주의 세계관: 도대체 칼뱅주의가 뭐길래?[1]

한국 교회 성도 여러분, 1909년 7월의 제네바는 장 칼뱅 탄생 400주년을 맞이하여 매우 들뜨고 흥겨운 축제의 분위기였습니다. 유럽 전체와 북미의 개신교도들이 바스티옹 공원(Parc des Bastions)에 모여 기욤 파렐(Guillaume Farel), 장 칼뱅, 테오도르 드 베즈(Théodore de Bèze), 존 녹스(John Knox)의 전신상이 새겨진 종교개혁 기념비의 제작을 알리는 주춧돌을 놓았던 바로 그 순간은 마치 모든 교단의 장벽이 무너지고 칼뱅을 통해 모든 개신교도가 하나 될 것만 같았습니다. 그때 참석한 칼뱅주의자들은 "하늘에 계신 주님께 감사를! 우리는 칼뱅주의자들이라네!"(Give thanks to the Lord of heavens that we are Calvinists)라면서,[2] 자신들의 정체성에 대한 상당한 자부심으로 고무되었습니다.

그러나 이런 축제 분위기에 찬물을 끼얹는 반응이 네덜란드, 그것도 스스로를 칼뱅주의자라고 하는 개혁파 개신교도들에게서 나왔습니다. 그들은 제네바의 초대를 거절했을 뿐만 아니라, 그

400주년 행사에 대한 실망감을 공공연히 드러냈습니다. 제가 설립한 일간 신문인「더 스탄다르트」는 칼뱅이 성경에 대한 순종을 통해 하나님의 영광을 추구했는데, 제네바의 기념행사에서는 그런 순종의 모습을 볼 수 없다고 주장했습니다. 사실 저도 "칼뱅주의는 칼뱅이라는 영웅을 위해 어떤 기념비도 세운 적이 없다. 제네바의 한 비석만 칼뱅을 생각나게 할 뿐이다. 심지어 칼뱅의 무덤조차 잊힌 상태다. 이게 배은망덕한 일인가? 결코 그렇지 않다"고 주장하면서 제네바의 기념식에 참석하지 않았습니다.[3] 게다가 네덜란드 개혁파는 종교개혁자들의 전신상을 제작하기 위한 재정적 후원 부탁마저 매몰차게 거절했습니다.

네덜란드 개혁파의 이런 거절과 냉대는 아마도 한국 칼뱅주의의 입장에서 매우 불경하게 느껴질 것입니다. 한국 교회의 칼뱅 사랑은 다른 어떤 나라보다도 더 많은 목회자와 성도가 칼뱅 탄생 500주년(2009년 7월 10일)과 종교개혁 500주년(2017년 10월 31일)을 기회로 제네바를 방문한 사실만 봐도 명확히 드러납니다.

물론 저도 칼뱅을 사랑하고 존경하는 것에서 둘째가라면 서러운 칼뱅주의자입니다. 그러나 저는 400년 전(지금의 한국 교회 성도들에게는 500년 전)의 칼뱅을 무조건적으로 숭상하는 것만 진정한 칼뱅주의라고 생각하지 않습니다. 칼뱅이라는 거인의 어깨 위에 올라서서 칼뱅을 넘어서야 합니다. 칼뱅이 어떻게 했다는 것, 즉 역사적 칼뱅도 중요하지만, 칼뱅을 현재 상황에 적절하게 사용하는 것도 중요합니다. 저의 신칼뱅주의(Neo-Calvinism)가 칼뱅의 사상을 소중히 여기면서도 현대에 걸맞게 잘 활용한 일례가 될 것입니다.

제가 그렇게 칼뱅을 사랑하고 소중히 여긴다면서 굳이 400주년 행사에 참석하지 않고 거절할 이유가 무엇인지에 대해 여러분이 질문하실 수 있습니다. 그것은 칼뱅에 대한 혐오가 극대화된 18세기와 전혀 딴판으로, 칼뱅에 대한 숭상이 절대화된 19세기 상황과 연관이 큽니다.

칼뱅에 대한 계몽주의 이후의 비판적 묘사만큼 혹독한 것도 없을 것입니다. "관용 없는 칼뱅"(the intolerant Calvin), "종교재판관"(Inquisitor), "은혜를 모르는 다혈질"(hothead without grace), "굶주린 늑대"(Mouth-watering Wolf), "제네바의 공포 정치"(Geneva's reign of terror), "이단 사냥꾼"(Heresy Hunter), "개혁파 교황"(the Reformed Pope) 등이 그런 것들입니다.[4] 정치와 종교가 분리되지 않은 시대의 칼뱅이 처한 어쩔 수 없는 한계에도 불구하고, 세르베투스(Servetus)나 카스텔리오(Castellio)의 죽음에 대한 비난의 화살은 모두 칼뱅을 향했습니다. 이런 상황에서는 심지어 개혁파를 자처하는 사람들조차 칼뱅과 거리를 두었습니다.

그러나 낭만주의의 영향이든, 혹은 현대 산업 사회의 복잡함 때문이든, 난세에 영웅이 필요하게 되자 칼뱅에 대한 새로운 관심이 싹트기 시작했습니다. 특히 에밀 두메르그(Émile Doumergue)의 일곱 권으로 된 칼뱅 전기가 1899년부터 1927년에 걸쳐 출간되었습니다.[5] 그뿐 아니라, 칼뱅 탄생 400주년을 기념하여 당대 최고의 칼뱅주의 4인방[에밀 두메르그, 아우구스트 랑(August Lang), 헤르만 바빙크, 벤저민 워필드]의 글을 담은 『칼뱅과 종교개혁』(*Calvin and the Reformation*)이 출간되었습니다.[6] 칼뱅에 대한 이런 예찬 분위기가 절정에 이른 것이 바로 앞에서 언급했던 제네바의 종교 개혁 기념비, 즉 종교개혁자 4인의 전신상을 세운 것입니다.

이런 의미에서 역사가 필립 샤프(Philip Schaff)는 "교회사에서 어떤 이름도 [심지어 힐데브란트(Hildebrand), 루터, 혹은 로욜라(Loyola)를 포함해도] 칼뱅만큼 그토록 많이 사랑받으면서도 미움받는, 존경받으면서도 경멸받는, 칭송되면서도 비판을 받는, 찬사를 받으면서도 저주를 받는 이름은 존재하지 않는다"고 주장했습니다.[7] 아마도 여러분은 저 역시 칼뱅을 매우 사랑하고 존경하고 칭송하고 찬사를 보내리라는 기본 전제를 가지고 있을 것입니다. 예, 맞습니다! 그러나 제가 샤프의 모든 표현에 동의하지 않을지라도, 적어도 "칼뱅을 칭송하면서도 비판했다"는 표현만큼은 칼뱅에 대한 제 입장을 잘 묘사해 주는 것 같습니다. 특히 칼뱅에 대한 저의 비판적 예찬은, 네덜란드의 개혁파 민중이 공적 영역에 적극적으로 참여하도록 돕는 일종의 공공신학을 전개할 때 두드러집니다.

저는 칼뱅의 사상들[예를 들어, 하나님과 인간의 직접적 관계(fellowship), 하나님의 주권과 (인간의) 죄론, 하나님의 선택 교리, 일반 은혜 교리 등]이 칼뱅주의자들로 하여금 삶의 모든 영역, 특히 공적 영역에 참여할 수 있도록 돕는 탁월한 신학적 근거를 제시한다는 점에서 매우 높게 평가했습니다. 사제를 통한 하나님과 인간의 중재된 관계를 주장했던 로마 가톨릭과 달리, 루터와 칼뱅은 하나님과 인간의 직접적 관계를 성경적으로 바르게 주창했습니다.

그런데 칭의 교리를 중심으로 인간론적 관점에서 하나님과 인간의 주관적 관계에 집중한 루터파와 달리, 하나님의 주권이라는 중심 원리를 통해 칼뱅은 하나님과 인간의 우주적·객관적 관계에 집중했습니다. 루터파에서는 하나님과 인간의 주관적 관계를 가르치는 선생으로서의 교회 지위가 향상되고, 평신도들의 지위는 하락되었습니다. 반면에 칼뱅주의에서는 하나님과의 객관적·직접적 관계를 교회가 매개자나 선생으로서 공인해 줄 필요가 없어지면서, 하나님의 우주적 통치를 각자의 삶의 모든 영역에 누구의 간섭이나 가르침 없이도 드러낼 수 있게 되었습니다.

그뿐 아니라 하나님의 주권과 인간의 죄에 대한 칼뱅의 사상은 어떻게 국가가 자유와 권위 사이에서 한쪽으로 치우치지 않고, 정치적으로 자유와 권위의 균형을 잡아야 하는지에 대한 신학적 근거를 제시했고, 역사적으로 다양한 나라들(영국, 미국, 네덜란드 등)의 공화 민주주의(republican democracy)에 기여했습니다.

마지막으로, 칼뱅이 발견한 일반 은혜의 교리를 통해 칼뱅주의자들은 기꺼이 학문과 예술 세계에 참여할 수 있었습니다. 그런 학문과 예술 세계의 열매들이 궁금하신 분은 17세기의 네덜란드 황금시대(Golden Age)에 대해 알아보시기 바랍니다. 17세기의 네덜란드를 세계 최강대국으로 여기는 것은 비단 정치 경제의 발전 측면에서만 아니라, 지금까지도 유명한 레이던 대학교(저와 바빙크의 모교)나 브릴(E. J. Brill) 출판사, 혹은 렘브란트(Rembrandt)로 대표되는 17세기 화가들 때문일 것입니다.[8]

그러나 신학적으로 눈치가 빠른 분들은 제가 칼뱅의 교리들을 전통적 신학 범주에 따라 배치한 것이 아니라, 하나님의 주권을 중심 교리로 두고 이 교의 위에서 몇몇 신학적 원리들을 삶의 실재에 누구나 쉽게 적용할 수 있도록 공리적으로 사용했음을 깨달을 것입니다. 교리의 역할을 정통과 이단을 구분하는 저울추로 한정하시는 분들도 있겠지만, 교리에는 사실 변화무쌍한 세상에서 신자들이 어떻게 살아야 할지 방향을 제시하는 나침반의 역할도 있음을 알아야 합니다. 후자의 역할을 위해, 저는 칼뱅의 교리를 현대 사회에 걸맞게 재조정했습니다. 이런 재조정의 방법론으로 사용된 중심 교리 이론은 알렉산더 슈바이처(Alexander Schweizer)가 주창하고 레이던 시절의 제 스승 요하네스 스홀튼(Johannes H. Scholten)이 네덜란드에 소개한, 현대 신학의 일원론적 방법론입니다.[9]

중심 교리 이론은 루터파는 칭의를 중심으로, 칼뱅주의는 하나님의 주권 혹은 예정 교리를 중심으로 구성된다는 이론입니다. 지금은 리처드 멀러(Richard A. Muller) 같은 학자들에 의해 철저하게 반박되었을지라도, 여러분이 잘 아는 트뢸취나 조지 밴크로프트(George Bancroft) 등의 동시대 지성인들에게서도 드러나듯이, 제가 공부하던 시대에는 누구나 받아들였던 전제였습니다.

그뿐 아니라, 저는 칼뱅을 무조건적으로 추종하지 않았습니다. 18세기 계몽주의의 영향 아래서 이루어진 부정적 칼뱅 묘사에 동의하지 않았지만, 칼뱅을 정치적 무관용으로 이끈 그의 신정주의(theocratic) 경향에 대해서는 비판했습니다. 세르베투스 문제와 관련해 칼뱅이 저지른 실수가 아무리 시대적 한계 속에서 어쩔 수 없는 것이라 할지라도, 저는 어느 누구라도 종교나 신앙의 문제로 국가의 부당한 간섭을 받아서는 안 된다는 점을 명확히 했습니다. 국가는 종교의 문제에서 올바른 정답을 제시할 수 있을 만큼의 영적 능력이 없습니다. 아니, 정교분리의 사회에서는 그럴 필요조차 없습니다. 물론 칼뱅이나 도르트, 웨스트민스터가 고백하는 교회와 국가의 관계에서는 국가가 참된 종교나 예배를 증진시킵니다. 그러나 국가와 교회에 대한 칼뱅주의 교리는 저와 바빙크를 통해 프랑스 혁명 이후 정교분리의 현대 사회에 걸맞게끔 변화됩니다. 여러분도 잘 아시는 영역 주권의 교리를 교회와 국가의 관계에 적용하는 것입니다.

칼뱅주의 교리를 사용하는 것에서의 이런 변화로 인해, 제가 설파하는 칼뱅주의는 기존의 칼뱅주의와 다르다는 비판의 의미에서 **신**칼뱅주의로 불렸습니다. 그러나 다행히도 대다수의 칼뱅주의자들이 제가 제시한 현대 사회에 걸맞은 칼뱅주의라는 비전에 동참하면서, 19세기 후반의 네덜란드에서 칼뱅주의가 부흥합니다. 칼뱅주의 원리들이 삶의 모든 영역, 즉 정치, 경제, 학문, 예술, 노동, 교육 등에서 칼뱅주의자들의 삶을 통해 적용되었습니다. 그런데 여기 19세기 후반과 20세기 전반 네덜란드 사회를 변혁했던 칼뱅주의 원리는 사실 칼뱅이 발견하고 주창한 것은 아닙니다. 물론 칼뱅의 씨앗이 칼뱅주의 원리를 통해 많이 드러난 것은 사실이지만, 그 씨앗에 물을 주고 각 시대에 필요한 열매를 맺게끔 칼뱅주의자들 스스로가 노력해야 할 역할이 있습니다.

저는 칼뱅 탄생 400주년을 기념한 제네바의 초대를 거절하고 전신상 건립에 동참하지 않는 것이 배은망덕하거나 불경하다고 생각하지 않습니다. 오히려 보편적 진리의 요소로 가득한 칼뱅의 사상을 지금의 시대에 적실하게 활용하는 것이 칼뱅을 더욱 참되게 기념하는 것이라고 생각합니다. 한국 교회, 특히 개혁파 성도 여러분, 칼뱅이나 튜레틴(Turretin), 혹은 에드워즈(Edwards)나 바빙크 같은 귀중한 칼뱅주의의 역사와 전통을 어떻게 계승하시겠습니까? 무조건적으로 추종하고 무비판적으로 수용해서 그들의 동상을 세우기만 하면 될까요? 칼뱅주의의 위대한 사상이 가진 씨앗들은 여러분의 노력을 통해 이 시대와 토양에 걸맞은 열매를 맺도록 도울 준비가 되어 있지 않을까요?

【함께 생각해 볼 문제들】

1. 한국 칼뱅주의의 방향성과 관련해서, 역사적 칼뱅 혹은 정통 칼뱅주의를 **계승**하거나 **보전**하는 것보다 이 시대에 **적절하게 활용**하는 것이 우선이라는 저자의 입장에 찬성하는가, 아니면 반대하는가? 그 이유는 무엇인가?

2. 현재의 한국 사회는 칼뱅 혹은 칼뱅주의에 대해 어떤 입장인가? 18세기의 무자비한 비판에 가까운가, 혹은 19세기의 무조건적 숭상에 가까운가? 칼뱅주의에 대한 무조건적 추종이나 비판보다는, 좋은 전통은 잘 살리면서 현시대에 걸맞게 적용할 수 있는 구체적 예나 방식을 말해 보라. 어떻게 하면 칼뱅 혹은 칼뱅주의 사상을 통해 한국 사회의 공공선에 기여할 수 있겠는가?

5장__기독교 세계관이 한국 교회의 숨구멍이 되려면

침체에 빠진 기독교 세계관 운동

한국 교회 성도 여러분, 2018년 11월 30일 「국민일보」에 실린 기사 "세계관, 한국 교회의 숨구멍 될까"를 보신 적이 있나요?[1] 이 기사는 최근 한국 교회에서 다시금 주목을 받는 기독교 세계관 운동에 대해 자세하게 다루었다고 합니다. 무엇보다 제 관심을 끄는 인터뷰 내용이 있었는데, 바로 도서출판 CUP 김혜정 대표의 언급입니다. "기독교 세계관 운동이 침체되고, 1세대 운동가 중 일부는 극우 보수 성향까지 보이면서 갈수록 한국의 기독교는 폐쇄적이고 세상과 말이 통하지 않는 대상으로 비춰지고 있다."

지금까지 제가 한 말을 귀담아들으신 분이라면 김 대표의 진단에 충분히 공감하실 수 있을 것입니다. 한국의 기독교 세계관 운동이 초창기인 1980년대의 군사 정권 치하에서도 부단히 세상과의 연결을 위해, 세상의 변혁을 위해 고민하고 애쓰던 청년들을 중심으로 확산했다는 사실은 저도 들은 적이 있을 정도로 잘 알려져 있습니다. 그러나 아이러니하게도 지금 한국의 기독교 세계관 운동이 세상과 대화가 되지 않는다는 비판을 받고 있으니 안타깝습니다. 어떻게 해서 한국의 기독교 세계관 운동이 그런 폐쇄적인 이미지를 갖게 되었는지, 그 원인과 대안을 생각해 보고자 합니다. 한국 교회 성도 여러분이 저와 바빙크가 주창하고 실행했던 기독교 세계관 운동을 한국 사회에 어울리게 잘 계승해 주시기를 바라기 때문입니다.

뼈대만 소개된 기독교 세계관 운동: 지성주의 경향

여러분은 "기독교 세계관"이라는 용어를 언제 처음 들으셨나요? 저는 동시대를 살았던 스코틀랜드의 장로교 신학자 제임스 오르(James Orr)가 언급했던 기억이 납니다.[2] 그러나 여러분 가운데 기독교 세계관을 저와 연결하는 분이 많을 것입니다. 이는 한국 기독교 세계관 운동의 1세대인 손봉호, 강영안, 양승훈 교수 등을 생각한다면 어쩌면 당연한 결과이기도 합니다.

제가 기독교 세계관이라는 용어를 사용하게 된 중요한 계기는 네덜란드 국가 교육 정책(가치 중립을 근거로 세속적 공립 교육에만 국가 재정을 지원하는 정책)에 반기를 들면서입니다. 당시 저는 학부모가 각자의 세계관에—즉 그것이 기독교 세계관이든지 로마 가톨릭 세계관이든지 상관없이—부합하는 자녀 교육을 선택할 권리가 있다고 주장했습니다. 사실 자녀 교육을 부모나 자녀가 원하지 않는 세계관에 따라 양육하는 것이야말로 부모나 자녀에게는 양심의 자유를 억압하는 것입니다. 어린 자녀들이 평소에 부모님의 가르침에 따라 받아들인 신념들과 세계관이 교사가 가진 다른 가치관에 따라 무시될 때, 어린 자녀들은 상처를 받습니다. 예를 들어, 자녀가 기독교 가정에서 하나님이 이 세상을 창조하셨다는 이야기를 귀가 닳도록 들어 왔는데, 유치원 수업에서 그런 말을 자연스레 꺼냈을 때 무신론자인 유치원 교사가 정색하면서 "○○아, 그건 아니지"라고 무시한다면, 그 자녀는 괜히 무안하게 될 뿐만 아니라 억울함도 없지 않을 것입니다.

그뿐이 아닙니다. 당시 교육 정책에 따라 국가의 지원을 받는 세속적 공립 교육과 달리, 종교적 사립 교육을 받는 학생들의 경우에는 부모가 실질적으로 모든 교육 비용을 지불하면서 불공정한 상황에 놓입니다. 세속적 공립 교육을 선택하지 않은 부모들이 무슨 잘못을 범한 것도 아닌데, 이중으로 세금을 지불하는 셈이기 때문입니다.[3] 그러므로 저는 모든 시민이 각자의 세계관에 따라 자녀 교육을 선택하고, 그것이 공립 교육이든 사립 교육이든 동등하게 국가의 지원을 받을 권리가 있다고 주장한 것입니다.

이런 교육 이상에 걸맞은 입법 활동을 위해 저 자신이 목회자이면서도 정치에 참여했습니다. 제가 네덜란드 최초의 근대 정당인 반혁명당(Anti-Revolutionary Party)을 세울 때, 동일한 교육 이상을 공유한 로마 가톨릭과 정치적으로 연대하면서 제가 가진 이상의 실현 가능성을 높였습니다. 물론 기존의 보수적 칼뱅주의자들의 반대가 심했고, 제가 세운 정당이 분열되는 아픔도 겪었습니다. 반혁명당은 네덜란드의 국가 발전과 공공선을 위해서라면 어느 누구와도, 어떤 정당과도 함께했기에 집권당이 되는 경우가 많았고, 제가 직접 총리로 재임(1901-1905)하기도 했습니다.

드디어 1917년에 제가 정치에 참여하는 근본적 동기였던 교육 정책을 입법하는 데 성공합니다. 그것을 저뿐만 아니라 세속적 공립 교육의 주창자들조차도 찬성했는데, 네덜란드 시민이라면 누구든지 각자의 세계관 혹은 신념에 따라 자녀들에게 이상적 교육을 선택할 수 있는 자유와, 그런 자유를 실질적으로 실현할 수 있도록 어떤 교육을 선택하든지 국가의 지원을 받을 수 있는 정책입니다. 그러나 아쉽게도 **이런 역사적 상황 속에서 살아 움직이는 네덜란드의 기독교 세계관 운동이 한국에 소개된 적이 없습니다. 미국식 창조-타락-구속(-종말), 일명 '창타구'로 패턴화된 한국의 기독교 세계관 운동은 뼈대(핵심)만 다루는 것이어서, 그 운동의 풍성하고 다양한 살점을 다 발라서 내버리는 우를 범합니다.**

그렇다면 저와 바빙크가 생각한 기독교 세계관 운동은 어땠을까요? 저와 바빙크는 모든 창조 세계에 대한 하나님의 전적 주권뿐만 아니라, 타락한 창조 세계를 회복할 수 있는 능력이 하나님의 은혜에 있음을 강조합니다.[4] 본래 하나님이 창조하신 세상은 누구에게나 아름다운 세상입니다. 그러나 죄악으로 깨어진 세상은 인간의 고통과 고난 없이는 설명할 수 없습니다. 죄로 타락한 이 세상을 하나님의 은혜로 회복하는 것(이른바 창조-타락-구속)이 기독교 세계관 운동의 핵심을 잘 요약한 것이라면, 그 운동성은 모든 창조 세계에 하나님의 주권을 드러내는 것에서, 즉 바빙크의 표현에 따르면, 기독교가 인간의 삶 전체를 아우르는 보편성이 있음을 보여 주는 것에서 찾을 수 있습니다.⁵ 그러므로 저를 비롯한 1세대 신칼뱅주의자들은 하나님의 뜻에 따라 정치, 학문, 예술, 종교 등을 회복하려고 적극적으로 삶의 각 영역에 참여하게 됩니다.

저와 바빙크는 [벤저민 워필드(1851-1921)와 함께] 신학의 영역에서 당시의 세계 3대 칼뱅주의자로 알려졌고, 상원 활동을 하면서 반혁명당 당대표도 차례로 맡았습니다. 저는 자유 대학교를 세웠고, 바빙크는 네덜란드의 수많은 초·중등 기독교 학교가 교명에 그의 이름을 담은 것에서 그의 영향을 볼 수 있을 정도로 교육 활동에 열정적이었습니다. 저는 일간 신문과 주간 신문을 창간했을 뿐만 아니라 그 신문들의 편집자 및 주필로도 섬겼는데, 제가 헌신했던 다양한 직업들 가운데 단연코 가장 오래 일한 분야일 것입니다. 바빙크는 네덜란드 왕립 학술위원으로서, 신학이 아닌 다른 분야(심리학이나 교육학 등)에서도 열심히 활동했습니다.

삶의 모든 영역에서 하나님의 주권을 드러내려 했던 저나 바빙크와 달리, 한국의 기독교 세계관 운동은 기독교 세계관을 개념적으로 연구하는 방식으로 사변적이거나 주지주의적인 경향성을 띠어 온 것도 사실입니다. 초기에 한국 기독교 세계관 운동의 선구적 역할을 한 단체들, 즉 기독교대학설립동역회(DEW)나 기독교학문연구회(KSCS)가 나름대로 대학 설립과 기독교 세계관에 기초한 학문을 목표로 시작했을지라도, 주로 기독교 세계관 자체에 대한 연구에 초점이 있었음을 부인할 수 없습니다.⁶

근본주의적 입장을 취한 기독교 세계관 운동

일반적으로 한국의 기독교 세계관 운동은 미국의 개혁파 진영을 통해서 매개되었다고 말합니다. 그런 의미에서 먼저 미국의 기독교 세계관 운동을 살펴보는 것도 괜찮을 것입니다. 프린스턴 신학교의 스톤 강좌에서 저는 "기독교 세계관으로서의 칼뱅주의"를 소개한 바가 있습니다. 교리 체계로서의 칼뱅주의가 아닌, 삶의 모든 영역에서 그리스도의 주권을 드러내는 "세계관으로서의 칼뱅주의"입니다.

그러나 돌이켜 보면, 제 주장이 미국에서 그다지 호응이 좋지는 않았습니다. 왜냐하면 미국 칼뱅주의자들, 더 정확히 말해 미국 장로교도들은 자유주의에 대한 대항마로서 전투적 성향을 가졌기 때문입니다. 그들은 자유주의자들이 장악하고 있는 창조 세계의 영역들, 예를 들어 학문이나 예술 등에 적극적으로 참여하여 대안 체계를 제공하기보다는, 근본주의적 입장을 취하면서 몇몇 중요한 기독교 교리들을 보호하는 데만 급급했습니다. 아는 사람은 알겠지만, 웨스트민스터 신학교의 대표적 신학자인 그레셤 메이첸의 당시 별명이 미국의 카이퍼였습니다. 정치, 교육, 학문, 언론 등 삶의 거의 모든 영역을 아우르려 했던 저를 프린스턴 신학교의 좌경화에 대항해 기독교 근본 교리를 사수하고자 필라델피아에 웨스트민스터 신학교를 세운 메이첸과 비교한 것입니다.

한국에서 기독교 세계관 운동은 필라델피아 웨스트민스터 신학교와 네덜란드 자유 대학교를 졸업한 손봉호 교수로 대표되는 학자들을 통해 소개되었습니다. 손봉호 교수 같은 기독교 세계관 운동의 1세대들이 활동하던 80년대 초에는 한국 교회가 대체적으로 이원화되고 분열되어 있었습니다. 먼저 자유주의 혹은 진보주의의 신학적 토대에서 사회에 이미 참여하는 그룹(한신이나 감신 등)이 있었고, 마땅히 사회에 참여하고 싶으나 이를 위한 어떤 신학적 근거를 찾지 못한 상태의 보수주의 그룹(총신이나 고신 혹은 복음주의 학생 선교 단체들, 대표적으로 IVF 등)이 있었습니다. 이런 분열 상황에서 보수주의 그룹이 기독교 세계관 운동을 적극적으로 받아들였는데, 그 그룹의 신학적·문화적 성향은 기독교 세계관 운동의 창시자인 저보다는 미국의 카이퍼에 가까웠습니다. 신학적으로 그들은 오히려 미국의 카이퍼보다도 보수적이었으며, 문화적으로는 더 이원론적이었습니다.

하나의 이데올로기가 된 기독교 세계관 운동

여러분, 다원주의 사회에서 기독교 세계관은 다른 세계관들을 전제할 뿐만 아니라, 그런 세계관들과 구별되거나 때때로 반립적 세계관으로 존재합니다. 제가 추구했던 기독교 세계관이 현대주의 세계관에 대항하고자 했던 것도 사실입니다. 그러나 기독교 세계관 운동이 비기독교적 관점의 통찰력이나 진리를 단순히 기독교가 아니라는 이유로 배제하는 해석학적 프레임이 된다면, 바로 그때 기독교 세계관 운동은 그 자체로 하나의 이데올로기가 됩니다.

예를 들어, 필라델피아 웨스트민스터 신학교의 코르넬리우스 반틸(Cornelius Van Til)의 경우에는 이교도 철학, 구체적으로는 스콜라 철학(대표적으로 토마스 아퀴나스)에서 제공하는 진리를 인정하기를 거절합니다.[7] 또한 기독교 세계관 운동의 주창자 가운데 하나인 헤르만 도이어베르트(Herman Doyeweerd)도 저나 바빙크의 신학이 온전히 성경적이지도 종교개혁에 충실하지도 못했다고 비판하는데, 신학에서 스콜라 철학을 차용했기 때문이라는 것입니다.[8] 그러나 아우구스티누스 이래로 개혁파 신학자들은 이교도 철학이나 세속적 사상가들에게도 진리의 빛이 있으므로 그 진리의 파편들을 신학에 절충해서 사용했습니다.

한국에 전파된 반틸 및 도이어베르트의 전제주의가 극명하게 보여 주듯이, 기독교 세계관이 성경과 일반적 진리(과학이나 이교도 철학 등)를 양립 불가한 사실로 전제할 때 사실상 기독교 세계관의 게토화가 일어납니다. 한국의 기독교 세계관 운동과 연관이 깊은 창조과학 주창자들이 왜 과학계에서 게토화되었는지가 이를 잘 보여 주는데, 바로 과학의 진리와 성경의 진리가 양립할 수 없음을 전제로 받아들이기 때문입니다.

또한 이런 전제를 받아들일 때 무엇보다 가장 큰 문제는, 기독교 세계관 주창자들의 주장이 자체적으로 혹은 다른 관점에 의해 교정될 수 있는 기회를 놓친다는 데 있습니다. 왜냐하면 그들은 이미 정답을 알고 있고, 자기와 다른 세계관 주창자들은 오류가 있기 때문입니다. 그러므로 기독교 세계관 주창자들 가운데 자신의 정치적 입장을 이미 정답으로 전제하고 더 이상의 대화가 불가능해지는 분들이 생깁니다. 자신의 정치적 입장이 무엇이든, 즉 극우든지 극좌든지, 기독교 세계관의 공식(창조-타락-구속)에 근거해서 정답이 되는 것입니다.

【 함께 생각해 볼 문제들 】

1. 한국의 기독교 세계관 운동이 지성주의 경향이 있다는 저자의 주장에 동의하는가? 그렇다면 한국의 기독교 세계관 운동이 대중성을 확보하지 못한 이유가 무엇인지 토론해 보라. 강영안 교수의 주장처럼 한국 목회자들이 개교회의 부흥과 성장에 급급한 나머지 기독교 세계관 운동을 등한시한 것은 한국의 기독교 세계관 운동에 어떤 영향을 끼쳤다고 생각하는가?

2. 한국의 기독교 세계관 운동이 정치 이데올로기에 편승하는 이유는 무엇인가? "기독교 세계관 운동이 비기독교적 관점의 통찰력이나 진리를 단순히 기독교가 아니라는 이유로 배제하는 해석학적 프레임이 된다면, 바로 그때 기독교 세계관 운동은 그 자체로 하나의 이데올로기가" 된다는 저자의 진단에 동의하는가? 혹은 내 선택이 기독교 세계관에 기반을 두기 때문에 정답이라는, 모든 답을 알고 있다는 태도를 취하고 있지는 않은가? 어떻게 해야 한국의 기독교 세계관 운동이 숙고 없이 정해진 결론에 도달하거나 좌우의 정치 이념에 종속되는 일을 피할 수 있을지를 논의해 보라.

6장 _ 한국 교회를 위한 기독교 세계관

여러분, 한국에서 기독교 세계관 운동이 지금까지 보여 준 문제들 때문에 용도 폐기되어야 할까요? 아닙니다. 비록 시의적절하지 않은 측면이 있더라도, 고쳐서 사용할 수 있기 때문입니다. 주님이 말씀하신다면 "마른 뼈"도 살아날 수 있습니다! 어떻게 해야 기독교 세계관 운동이 한국 교회의 숨구멍이 될 수 있을까요? 사실 완벽한 대안은 없습니다. 우리는 기독교 세계관 운동이 지금까지 잘못한 부분들을 바로잡고, 그 운동의 성공과 실패 사례에서 지혜를 얻을 수 있을 뿐입니다.

원리 중심에서 습관 형성의 세계관 운동으로

포스트모던 사회가 발견한 진리 가운데 하나는 이데올로기의 변화가 반드시 인간 삶 및 세상의 변화를 이끌어 내지 않는다는 것입니다. 제가 사용한 세계관이라는 단어는 영어로 "life and world view"(혹은 view of life and of world, 삶과 세상에 대한 견해)

에 가깝습니다. 세계관 운동을 시작할 때 분명했던 전제는 우리의 견해(view)가 바뀌면 우리의 삶(life)이 변화되고, 우리의 삶이 변화되면 세상(world)도 변화시킬 수 있다는 것이었습니다. 그러나 지식과 삶을 일치시키는 것보다는 분리하는 것이 더 쉽다는 점을 누구나 경험적으로 잘 깨닫습니다. 자신의 삶도 변화시키지 못하는 사람이 어떻게 세상을 바꿀 수 있습니까?

최근 기독교 세계관 운동 내에서 카이퍼주의자 제임스 스미스가 주장하는 새로운 흐름은 우리가 충분히 적용할 만합니다. 즉 인간은 생각에 따라 변하는 것이 아니라, 욕망(열망)에 의해 변한다는 것입니다. 데카르트가 인간의 존재를 이성과 연결해서 "나는 생각한다. 그러므로 존재한다"고 한 것과 달리, 아우구스티누스는 인간 됨을 인간의 열망과 연결해서 "나는 바로 내가 바라는 무엇, 열망하는 무엇, 혹은 예배하는 무엇이다"라고 합니다. 이런 아우구스티누스의 지혜로 우리의 욕망을 거룩한 욕망으로 변화시키는 것이 예배입니다.

예배를 통해 우리는 어떤 것에 대한 우리의 사랑(열망)이 하나님에 대한 사랑으로 변하는 것을 봅니다. 우리가 사랑하는 대상이 바뀌고, 예배가 삶이 되고 삶이 예배가 되면, 또한 이것을 계속해서 반복하면, 우리도 모르는 사이에 하나의 습관이 형성되어 삶을 변화시킵니다. 세계관 운동과 관련해 생각해 보면, 기독교 세계관 운동은 창조-타락-구속이라는 원리 중심의 운동에서 예배를 통한 습관 형성의 운동으로 변화해야 한다는 것입니다.[1]

일상성과 공공성을 회복하는 세계관 운동으로

기독교 세계관 운동이 영향력이 있으려면 각 사람의 삶과 시대의 문제에 실질적으로 답할 수 있어야 합니다. 사실 제가 세계관이라는 단어를 사용할 때, 영어로는 "view of life and world"(삶과 세상에 대한 견해) 혹은 "life system"(삶의 체계)으로 번역하는 것을 선호했습니다. 이미 이 영어 단어에 일상성과 공공성에 대한 함의가 담겨 있습니다.

19세기에 세계관이라는 개념이 그토록 유행했던 이유는 근대화에 의한 사회 분화 과정과 연관이 깊습니다. 서구 기독교 국가에서는 다양한 종교나 종파의 차이에도 불구하고 누구나 유신론적 세계관을 가지고 있었지만, 주체적 자아는 사회 분화 과정으로 인해 각 사회 영역에서, 특히 학문과 정치 영역에서 하나님을 의식할 필요가 없게 됩니다. 그러므로 교회에서 신실한 예배자라도 학문 영역에서는 무신론자처럼 연구할 수 있고, 심지어 그렇게 해야 합니다. 그러나 인간은 언제나 이성의 요구와 감정의 필요 모두를 충족하는 세계관을 필요로 합니다. 이런 상황에서 제가 주창하고 실행한 기독교 세계관 운동은 모든 영역에서, 즉 사적이든 공적이든, 주님께 영광을 돌리려는 시도로서, 그리스도인에게 사회 분화 과정에서도 신실하게 일상 영역과 공공 영역을 모두 살아갈 수 있도록 돕습니다.

저는 당시의 상황에서 각자의 세계관이나 가치관에 따라 자녀를 양육하고자 하는 부모들의 교육 열망을 칼뱅주의 세계관과 연결했습니다. 제가 대변한 부모들은 사회 주도층이 아니었고, 오히려 사회에서 소외된 민중 계층이었습니다. 바빙크도 당시 사회에서 소외된 여성들을 위해 애썼습니다. 예를 들어, 당시 유럽은 여성 참정권이 없었는데, 바빙크는 성경적 원리와 창조 섭리에 따라 여성 참정권을 주창하기도 했습니다.

마크 놀(Mark A. Noll)이 그의 책 『복음주의 지성의 스캔들』(IVP)에서 강조하듯이, 미국의 학문 세계에서 하나님의 주권이 유명무실했다면 이는 복음주의자들이 그 영역을 무신론자들이나 자유주의자들에게 빼앗겼기 때문입니다. 그러나 여러분, 놀랍게도 마크 놀이 이 지성의 스캔들에 얼룩지지 않은 모범적 대안으로 제시하는 곳이 있는데, 바로 앨빈 플랜팅가, 니콜라스 월터스토프, 리처드 마우, 제임스 스미스 등의 카이퍼주의자들이 주도하는 캘빈 칼리지입니다.

한국의 기독교 세계관 운동도 기독교윤리실천운동(기윤실) 설립이 보여 주듯이 일상성과 공공성을 기반으로 시작했다고 들었습니다. 한국 역사에서 그나마 절대적 왕권의 영향 아래서 목소리를 냈던 것이 종교(예를 들어, 고려에서 불교, 조선에서 유교 등)라는 역사 인식과, 또한 민주주의 경험이나 시민 사회 활동이 빈약했던 한국에서 무엇보다 필요한 것은 기독 시민이 자발적으로 세상의 변혁과 윤리적 삶을 살도록 돕는 것이라는 현실 인식이 결합해서 기윤실이 설립되었다고 알고 있습니다.[2]

저와 캘빈 신학교의 카이퍼주의자들, 그리고 손봉호 교수가 추구한 기독교 세계관이 각자의 상황에 따라 강조점이 다를지라도, 공통점은 일상성과 공공성을 위한 기독교 세계관이었다는 점입니다. 이것이 바로 지금 우리에게 무엇보다 필요한 세계관이라 할 수 있겠습니다.

기존에 한국의 기독교 세계관 운동은 어떤 이슈를 중심으로, 그 이슈에 대한 결론이나 찬성과 반대를 결정해야 한다는 중압감이 컸다고 들었습니다. 창조-타락-구속이라는 원리 중심의 세계관 운동이 세상에서 발생하는 쟁점에 대해 이것이 기독교적이라거나 반기독교적이라는 결론을 내릴 때, 그 전제는 세계관의 원리가 삶의 현장과 연결되고 실제적이라는 것입니다. 물론 이런 전제를 가진 사람들 가운데 자신의 정치 이데올로기가 기독교적이라고 굳게 믿게 되는 경우가 많습니다. 이렇게 앞다투어 결론을 내리려는 태도는 찬성과 반대로 이분화하며, 반대편을 악마처럼 여기는 경우도 생깁니다. 그러므로 단정 짓는 태도 대신에, 진지한 토론을 통해 다양한 의견을 마주하는 심성과 태도를 형성하는 문화를 만드는 것이 중요합니다.

교회에서의 토론회는 자칫 분열의 상징처럼 여겨지기도 하지만, 자신과 다른 성도 사이에 견해차가 있더라도 그 성도를 사랑으로 받아들이는 훈련이 무엇보다도 필요합니다. 다른 의견을 가진 사람이 말할 때 겸손히 경청하며, 견해차에도 불구하고 사랑하는 훈련이 된다면, 어쩌면 이런 훈련들이 이기적이며 교만한 세상에서 정말로 필요한 심성과 태도를 형성해 주는 것이 아닐까요?

사실 성령 충만한 교회는 토론해도 싸우지 않는 교회이며, 대화와 상식이 통하는 교회입니다. 왜냐하면 성령 충만하면 우리의 이성은 더 빛나며, 우리의 감성은 더 배려하기 때문입니다.[3]

【 함께 생각해 볼 문제들 】

1. 한국의 기독교 세계관 운동이 방향성을 인간의 견해를 바꾸는 것에서 인간의 욕망 혹은 사랑의 대상을 바꾸는 것으로 변화해야 한다는 저자의 주장에 동의하는가? 더 나은 인간론이 더 나은 세계관 운동으로 이끌 수 있다고 보는가? 더 나은 인간을 형성하기 위해 예배가 필수적이라는 제임스 스미스의 의견을 어떻게 보는가? 한국의 기독교 세계관 운동은 예배(worship)와 세계관(worldview)이라는 두 바퀴(2W)로 나아가야 한다는 저자의 주장에 동의하는가?

2. 한국 교회가 일상성과 공공성을 위해 할 수 있는 사역과 활동은 무엇인가? 한국 토양에서 교회가 토론할 수 있는 주제는 무엇인가? 혹은 토론할 수 없는 주제는 무엇인가?

7장 _ 기독교 세계관과 일터

한국의 기독 직장인들에게

여러분, 안녕하세요? 제 이름은 아브라함 카이퍼입니다. 한국의 이른바 '크리스천' 직장인들에게 일터에서 하나님의 주권이 드러나도록 할 방법에 대해 권면하는 편지를 쓰게 되어 기쁩니다.

종종 저는 "열 개의 머리와 백 개의 손을 가진" 괴물처럼 묘사되는데, 제가 경험한 직업을 열거하면 여러분도 머리가 끄덕여질 것입니다. 저는 목사, 저널리스트(2만여 편의 글을 쓴 기고자이며, 일간 신문과 주간 신문의 편집자), 베스트셀러 작가, 대학교수, 대학 설립자, 교육 및 사회 운동가, 의회 의원, 총리에 이르기까지 (분명히 당시에는 직업이 아니었으나 여러분의 시대에는 직업이 되었을 것까지 예상한다면) 웬만한 직업은 다 경험해 보았고, 각 분야에서 상당한 성공을 거두었습니다.

요즘 한국에서는 평생직장의 개념이 사라졌다고 들었는데, 그런 면에서 봤을 때 저야말로 이직의 달인이라고 할 수 있습니다. 그러나 이런 경험들을 토대로 여러분을 위해 구체적이며 실천적인 지침을 제시하는 것은 다음 기회로 미루고자 합니다. 그보다는 저의 이상주의적 성향에 따라, 무엇보다도 기독 직장인 여러분과 세상의 관계, 즉 기독교 세계관에 대해 말하려고 합니다.

아마도 여러분 모두가 **세상에 거하나 세상에 속하지 않는다**는 개념을 잘 알고 있을 것입니다. 저는 이 부분을 더 심화하고 싶습니다. 왜냐하면 대개의 그리스도인들이, 심지어 기독 직장인들조차 교회 일에는 매우 헌신되어 있을지라도 세상에 대해서는 너무나 무지한 경우가 많고, 그런 무지가 저에 대해 혹은 제가 한 말에 대해 무수한 오해를 불러일으켰기 때문입니다.

삶의 모든 영역에서 하나님의 주권이 드러나야 한다는 말이 대표적인 예입니다. 이 말 자체가 상당히 신정주의적 색채를 띠는 것은 사실이지만, 세상에 대한 여러분의 전근대적 인식도 오해의 한 원인이 되었음을 부인할 수 없습니다. 제가 하나님의 주권을 강조할 때 그 대상이 되었던 청중은 (네덜란드의) 경건주의적 칼뱅주의자들 혹은 (미국의) 근본주의적 칼뱅주의자들입니다. 왜냐하면 그들은 세상에 참여하여 하나님의 뜻을 실현하는 것보다는 세상을 멀리하면서 자신들만의 게토(교회 혹은 신학교)에서 안주하는 경향이 있었기 때문입니다.

한국의 기독 직장인 여러분, 저는 세상을 부정적으로만 바라보는 경향에 결코 동의할 수 없습니다. 무엇보다도, 세상 자체는 하나님이 창조하셨기에 선합니다. 한때 한국에서 신앙이 좋으면 세상 직업을 가지는 것보다 목회자가 될 것을 부추기는 경향이 있었다고 들었습니다. 하지만 세상 직업을 가지는 것은 하나님의 뜻을 세상에 드러내는 가장 좋은 교두보를 확보하는 것입니다.

다시 강조하지만, 저는 교회에서 소명을 추구하는 것은 성스럽지만(sacred) 세상에서 꿈을 이루는 것은 속되다(secular)고 보는 이원론을 격파하는 의미로 "삶의 모든 영역에서 하나님의 주권"이 드러나야 한다고 주장한 것입니다. 사실 저는 정치에 참여한 이후 더 이상 목사직을 수행하지 않았으며, 또한 제가 경험한 여러 직업 가운데 저널리스트로서의 삶을 스스로 가장 자랑스럽게 여겨 온 것을 상기시켜 드립니다.[1]

또한 성스러운 영역과 세속적 영역이라는 중세적 구분은 성스러운 영역을 상부에, 세속적 영역을 하부에 위치시키는 잘못된 위계질서를 세웁니다. 종교개혁자들은 하나님 앞에서 모든 직업이 성스럽다는 인식을 통해 이런 잘못된 도식을 깨뜨리려고 노력했지만, 문제는 철학적으로 계몽주의 이후, 정치적으로 프랑스 혁명 이후 발생했습니다.

교회 혹은 종교 영역을 제외한 삶의 모든 영역에서 하나님이 제거되기 시작했습니다. 교회의 담장 밖에서는 어느 누구도 하나님을 삶의 영역들의 준거인 것처럼 말하고 행동할 수 없게 되었습니다. 설령 하나님을 기준으로 자신의 견해를 표출하기라도 하면 '구시대의', '전근대적', '미신적'이라는 수식어가 따라붙는 수모를 겪기도 했습니다. 나폴레옹의 유럽 정복과 더불어 프랑스 혁명의 시대정신은 삶의 모든 영역을 현대화하라고 부추겼습니다.

물론 이 시대정신이 자유·관용·다양성을 증진시키는 부분이 있었던 것도 사실입니다.

신앙이 인간의 정체성에서 엄청난 부분을 차지하는데, 이른바 근대성 혹은 합리성이라는 이름으로 무신론자들은 공적 영역에 마음껏 참여하고, 반대로 유신론자들은 신앙을 가지고 공적 영역에 들어가는 것을 억압했습니다. 이것이 정녕 프랑스 혁명이 약속하는 자유·관용·다양성의 증진입니까? 왜 신앙이 있다는 이유로 전근대적이거나 미신에 빠진 사람과 같은 대우를 받아야 합니까?

더 큰 문제는, 세상이 그리스도인들을 무시하니 그리스도인들이 스스로 '세상에 속하지 않는' 것이 세상과의 바른 관계인 것처럼 성경을 잘못 해석하고 적용한 것입니다. 즉 기독교 국가가 점차 세속화되는 과정에서 세상과 분리됨으로써, 그리스도인들만의 신앙과 경건을 추구하기 시작했습니다. 심지어 미국의 그리스도인들은 대학(university)이라는 공적 영역을 떠나 그들만의 신학교(seminary)를 세우기 시작했습니다. 그리스도인들이 세운 대학들마저 온통 무신론자들의 전당이 되었습니다.[2]

이런 상황에서 저는 "삶의 모든 영역에서 하나님의 주권"이 드러나야 한다고 주장했던 것입니다. 우리가 믿는 하나님은 자신이 창조하신 세상을 악한 상태로 내버려 두는 분이 아니라, 세상을 계속해서 돌보시는 분입니다. 인간의 칭의를 강조하여 교회 영역에 머무는 루터파나, 세상을 필요악으로 보기 때문에 세상과 거리를 두는 아나뱁티스트(재세례파)와 달리, 역사적으로 칼뱅주의자들은 삶의 모든 영역에서 하나님의 주권을 강조하면서 교회 영역을 넘어 세상 영역으로 나아갈 수 있는 신학적 근거를 가지고 있습니다. 그런 신앙을 고백하는 칼뱅주의자들이 교회와 세상, 은혜와 자연, 신앙과 이성이라는 반립적 도식으로 살아갈 수는 없습니다.

한국은 세계 기독교 선교 역사에서 볼 때 드물게도 칼뱅주의 신학이 우세하다고 들었습니다. 그럼에도 불구하고, 기독 청년들을 신앙으로 잘 키워서 공적 영역에 참여하게 함으로써 세상을 변혁시키는 활동들을 하도록 돕는 것이 아니라, 우물 안 개구리처럼 교회 안에 가두어 놓는 일이 빈번하다고 하니 답답한 마음을 금할 길이 없습니다. 심지어 너무 교회 일에만 매몰되어 세상에 전혀 무관심한, 그래서 거룩한(?) 백수가 많다는 말도 들었습니다.

물론 삶의 모든 영역에서 하나님의 주권이 드러나도록 돕기 위해 제가 창안한 기독교 세계관이 여러분 가운데서 80년대 사회참여를 위해 유행했다는 이야기도 들었습니다. 또 최근에 한국 교회의 공공성 회복이라는 화두와 더불어 기독교 세계관이 다시금 유행한다는 이야기도 들었습니다.

그런데 창조-타락-구속(창타구)으로 요약된 기독교 세계관은 사실 기독 직장인들에게 너무나 필수적이어서 잠시 언급하도록 하겠습니다. '창타구'는 우선적으로 창조 자체의 선함을 강조함으로써 자연과 은혜를 이원론적으로 바라보는 시각을 버리도록 도울 뿐만 아니라, 은혜가 자연을 회복하는 것을 통해 세상에 참여하면서 세상을 변화시키도록 돕습니다.

그러나 문제는 세상을 변화시키는 것을 특히 한국 직장인들의 경우 그저 신우회를 조직하는 것으로, 예배 모임을 만드는 것으로, 성경 공부 모임을 만드는 것으로만 생각한다는 점입니다. 그렇게 되면 자신의 업무를 등한시하면서도 신실한 그리스도인으로 인정받을 수 있습니다. 하지만 하나님의 뜻에 더 걸맞은 것은 직장에서 예배와 성경 공부에 열심을 내는 것보다는 자신의 업무에 충실하고 탁월함을 발휘하는 것입니다. 직장은 일을 제공함으로써 인간이 이 세상에서의 존재 의의를 갖도록 도우며, 인간의 번영을 위해서도 중요한 처소가 됩니다. 마찬가지로 학문 세계는 진리를 추구함으로써, 예술 세계는 아름다움을 추구함으로써 인간이 번영하도록 합니다.

이런 면에서 저는 국가나 학문, 예술 세계가 분화 과정을 거쳐 삶의 모든 영역을 관장했던 중세 교회로부터 독립된 영역으로 세워진 것을 늘 지지해 왔습니다. 그리고 교회가 각각의 영역을 좌지우지하는 것이 아니라, 하나님이 창조 때 심어 놓으신 각 영역의 원리와 규범대로 운영되어야 함을 강조했습니다. 이렇게 각 사회 영역을 분화시키는 현대성 혹은 합리성은 성경적으로 충분히 받아들일 수 있는 것입니다. 아직도 교회가 각 영역을 주관하는 것처럼 전근대적으로 각 영역에서 하나님의 주권을 드러내려 한다면 다원주의 사회에서 가장 큰 문제가 될 것입니다.

공적 영역에 참여할 때 우리의 신앙을 벗어 던지라는 합리성은 문제가 많지만, 현대 사회를 살아가기 위해 각 영역에 걸맞은 원리와 규범에 충실하라는 **합리성**은 우리가 받아들여야 합니다. 이것이 현대 사회에 걸맞은 "세상에 거하나 세상에 속하지 않는다"

는 개념입니다.

그러나 아이러니하게도 한국에서 그리스도인들은 세상에 참여해 세상을 바꾸어야 할 젊은이들을 교회 안의 거룩한 백수로 만들어 세상을 멀리하게 하거나, 혹은 그나마 세상에 참여할 때조차도 회사에서 성경 공부를 자주 하는 것만이 하나님의 은혜로 세상을 변화시키는 일이라고 생각합니다.

사랑하는 한국의 기독 직장인 여러분, 우리가 세상에 거하는 만큼, 하나님이 창조하신 세상에 적극적으로 참여합시다. 여러분의 직장이 바로 세상을 섬기는 귀한 장이 될 것입니다. 하나님이 창조 때 정해 놓으신 세상의 각 영역 원리를 존중합시다. 다만 타락해서 죄악에 물든 부분을 걸러 내고, 하나님이 원래 뜻하신 창조 목적에 걸맞게 여러분의 직장을 회복시키도록 열심을 냅시다. 그 회복을 성경 공부나 신우회를 조직함으로써가 아니라, 여러분이 직장에 꼭 필요한 사람이 되도록 탁월한 직장인이 됨으로써 이룹시다.

【함께 생각해 볼 문제들】

1. 한국의 그리스도인들이 직장이라는 영역을 성경 공부나 예배 모임을 조직하고 신우회를 결성함으로써 그리스도의 주권 아래 회복하려는 움직임에 대해 평가해 보라. 여러분의 직업에서 하나님이 바라시는 소명의 목적은 무엇인가? 어떻게 해야 각자의 직장에서 탁월한 직장인으로서 하나님과 사람의 인정을 받을 수 있을지 생각해 보라.

2. 여러분의 직장에서 그리스도인으로서 받아들일 수 없는 직장 내 관습과 규칙 등은 무엇인가? 그런 행태에 대한 여러분의 반응과 그 이유는 무엇인가? 예를 들어, 이직이나 직장 내 개혁 혹은 정치, 기도에 집중하는 것, 바꿀 수 있는 위치에 도달하기까지 참아내기(순응)는 어떤가? 이에 대한 생각을 나누어 보라.

3부

삶의 모든 영역을
통치하시는 그리스도:
영역 주권

8장_정치적 지향: 진보냐 보수냐 그것이 문제인가

 여러분은 미국 뉴욕의 5번가를 가 보신 적이 있나요? 영화 〈티파니에서 아침을〉(Breakfast at Tiffany's, 1961)에서 오드리 헵번(Audrey Hepburn)이 5번가의 티파니 매장을 선망의 대상으로 본 것처럼, 여러분도 미국 자본주의의 상징인 그 화려한 명품 거리를 활보하며 쇼핑하는 자신을 꿈꾼 적이 있는지 모르겠습니다.

 지금도 5번가에 위치한 모건 스탠리 건물이나 록펠러 센터가 보여 주듯이, 5번가는 역사적으로 도금시대(Gilded Age, 대략 1870-1900년경)에 어마어마한 부를 획득한 재벌들(예를 들어, 밴더빌트, 록펠러, 카네기, 모건 등)의 거리로 출발했습니다. 5번가에 있는 호텔을 소유한 도널드 트럼프(Donald Trump)가 "미국을 다시 위대하게"(Make America Great Again)라는 대선 슬로건을 제시했을 때, 아마도 그런 찬란한 역사를 의식한 것이 아닐까 추측해 볼 수 있습니다.

 갑작스레 웬 미국 뉴욕 5번가 타령인가 싶으신가요? 사실 제가

1898년 프린스턴 신학교의 스톤 강좌에 연사로 초대를 받고, 대서양을 건너 뉴욕에 도착해 처음 숙소를 잡은 곳이 바로 매디슨 스퀘어에 위치한 5번가 호텔(the Fifth Avenue Hotel)이었기 때문입니다.[1] 유럽이라는 구대륙 출신의 여행자로서 그 호텔에서 바라본 뉴욕, 아니 미국이라는 신대륙에 대한 첫 인상을 말하자면, "하나님께서 이 미국 땅에 심으신 놀라운 잠재력이 드디어 휘황찬란하게 위용을 드러내기 시작해서, 경이로울 정도의 강대국으로 미래에 발전할 것"이라는 기대감 자체였습니다.[2]

또한 그 호텔에 숙박하면서 당시 뉴욕 주지사 선거를 근접한 거리에서 관찰할 수 있는 기회를 얻었는데, 무엇보다 공화당 후보 시어도어 루스벨트(Theodore Roosevelt)와 민주당 후보 어거스터스 밴 위크(Augustus Van Wijk)가 모두 네덜란드계 미국인이라는 점이 더욱 제 흥미를 끌었습니다.

그러나 아마도 여러분의 관심은 네덜란드계 주지사 후보들이 아니라 제 정치적 성향, 즉 제가 두 후보 가운데 누구를 선호했는지와 어느 정당을 지지했는지에 있을 것입니다. 실제로 이것은 제가 미국에 방문했을 때 수많은 기자가 가장 궁금해했던 질문들 가운데 하나였습니다. 심지어 한 지역 언론이 저의 기독 민주당 성향 때문에 제 승인 없이 저를 민주당원으로 보도해서, 그 기사를 내려달라고 제가 부탁한 적도 있을 정도이니까요.

만약 미국의 양당 정치, 더 나아가 진보와 보수, 혹은 좌파와 우파와 관련해 제 정치적 입장이 어디에 속하는지 물으신다면, 제 답변은 제가 숙박했던 5번가 호텔이라는 것입니다. 5번가 호텔,

바로 그곳에서 공화당 루스벨트가 자신의 주지사 선거 운동을 이끌었고, 그 호텔 바로 근처에 미국 민주당의 본부가 위치해 있었다고 말입니다.

한편으로 제 정치적 성향이 보수적이라고 여기는 분들은 당시 민주당의 본부가 5번가 호텔 근처라는 사실을 애써 무시하면서, 저와 공화당 루스벨트의 공통점에 집중할 것입니다. 제가 젊었을 때 당시 신생 정당인 공화당의 대통령 후보 에이브러햄 링컨(Abraham Lincoln)을 공개적으로 지지한 적이 있기 때문에, 당연히 공화당 지지자라고 생각하실 것입니다. 게다가 저는 미국을 방문한 바로 그해 11월 30일에 공화당 출신의 미국 대통령 윌리엄 매킨리(William McKinley)를 만나서 그를 "기도의 사람"으로 언급하기도 했습니다.[3] 매킨리가 암살된 후 대통령이 된 루스벨트는 뉴암스테르담(New Amsterdam, 지금의 뉴욕)을 개척하러 온 전형적인 네덜란드 칼뱅주의자들의 후예입니다. 나중에 저와 똑같이 프린스턴 신학교에서 스톤 강연을 한 제 후배 신학자 바빙크도 백악관에서 루스벨트를 만납니다.[4]

이쯤 되면 곧바로 저를 보수주의자라고 해도 될 것 같지만, 링컨의 공화당이 지금 트럼프의 공화당, 아니 적어도 레이건의 공화당과 동일한 보수주의에 속한다고 볼 수 있을까요? 물론 앞에서 언급한 5번가의 재벌들은 링컨의 상공업 우대 정책과 연관되어 있습니다. 당시 미국은 미국 연방과 분리되어 독자적으로 구성한 남부 연합에 대항해 벌어진 남북전쟁의 폐허에서 새롭게 일어나는 과정에 있었고, 무엇보다 국민 전체를 하나로 아우르는 정치 사회적 비전이 필요했습니다.

아시다시피 링컨은 추수감사절을 국경일로 지정하면서, 미국의 역사는 정치와 신앙의 자유를 위해 메이플라워호를 타고 플리머스(Plymouth, MA)에 정착한 청교도들이 기원이라고 강조했습니다. 플리머스 개척을 이끈 목회자 윌리엄 브래드포드(William Bradford)의 분실된 일기를 영국으로부터 다시 돌려받는 것에 미국이 그토록 목맨 이유가 여기에 있습니다. 미국적 영혼의 하나 됨을 위해 청교도 정신이 필요했다면, 링컨은 재임 시절에 미국이 한 몸이 되도록 미국 전역을 철도로 다 연결합니다.

그러나 이런 정책의 부작용으로 철도(밴더빌트), 은행(모건), 석유(록펠러), 철강(카네기) 등의 독점이 가능해졌고, 5번가의 재벌들이 출현하게 된 것입니다. 여기까지 보면 링컨의 공화당은 틀림없이 현재 여러분이 보는 공화당의 선조입니다. 조지 밴크로프트 같은 동시대 역사가들처럼, 저도 미국이 칼뱅주의의 영향을 받아 뉴욕 5번가로 상징되는 정치 경제적 번영을 누린다고 생각했습니다. 이런 의미에서 제가 미국 공화당 지지자라고 주장한다면 일면 맞는 말입니다. 그러나 저는 자유방임 자본주의에 대한 강력한 비판자로서, 노동자들이 재벌들의 독점적 지위에 대항하도록 그리스도인 노동조합을 구성하는 일을 이끌었습니다.[5]

그럼에도 링컨의 공화당이 오늘날의 공화당처럼 보수주의라고 말하기는 상당히 어렵습니다. 노예 해방 정책이 너무나 명확하게 보여 주듯이, 링컨의 공화당이 상당히 진보적이었다는 사실을 우리는 기억해야 합니다. 현재의 공화당이 백인 중심인 것을 생각하면 더욱 그렇습니다. 공화당의 이런 진보적 성향 때문에, 저는 매킨리 대통령을 만났을 때 남아공 보어인(Boer)을 위협하는 영국 제국주의에 맞서 세계 평화를 위해 큰 역할을 해달라고 부탁했습니다. 물론 그때 매킨리의 정신 상태가 불안해 보여서 그를 만난 것에 대해 매우 실망했다고 제가 언급했던 것처럼, 이후에 매킨리 대통령은 신경질적 정신 분열 증세가 있었음이 밝혀집니다. 루스벨트에 이르러 공화당의 진보적 성향은 더욱 강화됩니다. 심지어 루스벨트는 공화당에서 분리되어, 사회 개혁을 강조하는 급진 정당인 불무스 당(Bull Moose Party)을 세우기도 합니다. 이때 공화당 내에서 진보적 색채를 띤 당원과 유권자들이 루스벨트의 정당으로 이동했고, 1960년대 시민운동 이후에 공화당의 핵심 지역 기반을 남부 지역으로 바꾸면서 지금의 보수적 공화당이 됩니다.

하지만 제 정치적 성향을 진보적이라고 여기는 분들은 제가 묵었던 5번가 호텔과 민주당 본부의 근접한 거리에만 주목하면서, 제가 묵었던 호텔에서 유세를 시작하고 마친 루스벨트에 대해서는 눈을 감습니다. 먼저 제가 기독교 사회(Christian Society)의 필요성을 강조한 것을 마치 전근대적 기독교 국가(Christendom)를 옹호한 것으로 착각하시는 분들이 종종 있습니다.

기독교 국가의 시대를 살았던 장 칼뱅이나 청교도들이 국가가 참된 종교와 예배를 장려해야 한다고 생각했던 것은 이해합니다. 그러나 저와 바빙크는 프랑스 혁명의 영향을 받은 세속 국가가 종교적 이슈를 판단할 만한 능력, 즉 어떤 종교가 참인지 여부를 결정할 만한 분별력이 없다고 보았고, 오히려 국가 권력이 이런 영적 문제에 간섭할수록 더 많은 부작용이 발생함을 역사를 통해 깨달을 수 있었습니다. 이런 면에서 저는 프랑스 혁명이 강조한 사회 분화로서의 세속화(secularization as social differentiation)에 찬성합니다.

그러나 물론 저는 그리스도인이라는 이유로, 신앙을 가졌다는 이유로 공적 영역에 참여할 수 없다는 세속주의로서의 세속화(secularization as secularism)에는 반대합니다. 이런 식으로 공적 영역에서 개인적 신앙을 아예 배제하면서 누군가의 양심, 특히 그리스도인들의 양심을 짓밟는 것이 정녕 프랑스 혁명이 약속한 자유와 평등인지 묻고 싶습니다.

그리스도인들, 적어도 칼뱅주의자들은 하나님의 주권이 삶의 모든 영역에 있다고 믿습니다. 기독교 사회를 구성하기 위해서, 성도들은 다양한 공적 영역들, 즉 정치, 경제, 사회, 학문, 예술 등에 적극적으로 참여해야 합니다. 따라서 기독교는 시민 사회에서 자발적으로 중재하는 단체들, 즉 기독교 노조, 기독교 봉사 단체, 기독교 구호 단체 등을 구성할 수 있습니다. 이런 중재하는 단체들은 개인(예를 들어, 프랑스 혁명의 개인적 자유주의) 대 국가(공산주의 혁명의 사회적 국가주의)의 이분법적 대립 관계를 뛰어넘는 제3의 길을 제시할 수 있습니다.

프랑스의 알렉시 드 토크빌(Alexis de Tocqueville)은 "미국의 민주주의"(Democracy in America)가 바로 이런 제3의 기독교적 길이라고 예찬했습니다.[6] 특히 미국 건국의 아버지이며 제4대 대통령인 제임스 매디슨(James Madison)의 종교적 자유 개념과 교회와 국가 관계는 제 생각과 거의 흡사한데, 매디슨의 정당은 민주당입니다. 사실 매디슨처럼 저도 작은 정부를 지지하고, 시민 단체들의 자유를 극대화하기를 원했습니다.7

그러나 작은 정부 예찬론자이며 주정부 독립을 강조하는 토머스 제퍼슨(Thomas Jefferson)에 대한 제 개인적 오해가 너무 커서, 저는 민주당의 제퍼슨보다는 연방론자인 알렉산더 해밀턴(Alexander Hamilton)이 제 입장과 더 유사하다고 말한 적이 있습니다. 이것이 저의 정치적 입장에 대해 상당한 오해를 불러 일으켰습니다. 즉 당시에 제가 진보적 의제를 주창했음에도, 많은 사람이 저를 보수주의자로 오해한 것입니다. 그런데 이것도 미국 공화당과 민주당 지지 지역의 변화로 인해서, 지금의 민주당은 큰 정부를 선호하고 공화당은 작은 정부를 선호하는 역사적 아이러니 때문에, 저를 오늘날의 공화당과 동일한 보수주의로 여기는 경우가 생깁니다.

이런 미국의 예만 살펴봐도, 진보와 보수 개념이 상당히 유동적이며 상대적인 개념이라는 것을 알 수 있습니다. 과거의 진보가 현재의 보수가 되며, 과거의 보수가 현재의 진보가 되는 일이 다반사입니다. 스스로를 진보 혹은 보수로 내세우는 분들조차 다른 진보 혹은 보수와 비교해 볼 때 차이가 상당합니다. 자신을 중도로 내세우는 누구라도 비교 대상에 따라 언제라도 진보와 보수가 될 수 있습니다.

무엇보다도, 저는 진보냐 보수냐 하는 판단의 대상이 되는 것을 받아들이지 않습니다. 저는 저 자신을 진보도 보수도 아닌, **칼뱅**

주의 정치가로 규정했고 또 그렇게 기억되기를 바랄 뿐입니다. 한국 교회가 제 이름 카이퍼를 좌로나 우로나 정치적으로 이용하는 것이 아니라, 제가 그토록 강조했던 하나님의 주권을 삶의 모든 영역에서 드러내기를 주님의 이름으로 축원합니다. 왕을 위하여!

【 함께 생각해 볼 문제들 】

1. 앞의 내용을 바탕으로 아브라함 카이퍼가 현재 미국의 어느 정당을 지지할 것인지 토론해 보라. 혹은 미국에서 내일 대통령 선거가 있다면, 카이퍼는 어떤 후보를 지지할 것으로 보이는가? 다른 한편으로, 한국에서 아브라함 카이퍼가 어느 정당을 지지했을 것인지에 대한 생각을 나누어 보라. 혹은 한국의 차기 대선 주자들 가운데 누가 카이퍼의 지지를 받을 것으로 예상하는가?

2. 한국에서 카이퍼를 추종하는 사람들은 대체적으로 어느 정당을 지지하는 것으로 보이는가? 한국의 카이퍼주의자들이 정당 지지의 분포에서 다양하고 균형 있다고 생각하는가? 혹은 어느 한 정당으로 편향된 쏠림 현상이 있다고 보는가? 만약 편향되었다고 생각한다면, 왜 그렇게 보는지 생각을 나누어 보라. 한국 기독교가 알렉시 드 토크빌이 강조한 (진보와 보수를 뛰어넘는) 제3의 길을 제시할 수 있으려면, 어떻게 기독교 하위문화를 형성하고 어떤 중재하는 단체들을 구성하는 것이 필요한가?

9장 _ 영역 주권의 출발

한국 교회 성도 여러분, 저는 여러분이 코로나 사태를 계기로 교회와 국가의 관계 문제에 대해 고민하고 있다는 소식을 들었습니다. 그런 신학적 고민에 대한 반가움은 잠시였고, 그 이슈와 관련해 **영역 주권**을 강조했던 저나 바빙크에 대한 언급조차 없다는 사실에 대해 허전한 마음을 금할 길이 없습니다.

물론 제가 마르틴 루터 혹은 리처드 백스터(Richard Baxter)처럼 언급되지 않았다고 해서 그들을 질투하거나 여러분을 탓하는 것은 아닙니다. 다만 정교가 완전히 분리된 시대를 살아가는 여러분이 굳이 기독교 국가에서 살았던 신학자들의 저작을 전용하는 것이 과연 적절한지 의문이 생길 뿐입니다. 그런 사람들은 정부가 참된 종교의 예배를 증진할 의무가 있다고 생각했는데, 이는 정부가 특별히 선호하는 종교만이 참된 종교라는 전제를 가지고 있었기 때문입니다.

잘 알려져 있다시피, 로마 가톨릭 국가들은 로마 가톨릭을 참된 종교로, 개신교 국가들은 개신교를 참된 종교로 여겼습니다. 더 나아가 개신교 내에서 독일은 루터파, 네덜란드는 개혁파, 잉글랜드는 성공회를 거의 국가 종교로 우대했습니다. 이렇게 정교가 일치된 사회에서 정부의 관료들은 사실상 국가 종교의 일원들이었기에, 교회와 관련된 국가의 의무인 참된 종교의 예배를 증진시키는 것이 가능했습니다.

그러나 프랑스 혁명 이후에 유럽 전역에 정교분리의 원칙이 적용되기 시작했는데, 네덜란드도 예외는 아니었습니다. 사실상 나폴레옹의 대리 정부였던 네덜란드의 바타비아 공화국(1795-1806)은 도르트 총회에 근거해서 네덜란드 개혁교회가 누리던 특권적 지위를 폐지했습니다.[1] 물론 나폴레옹의 패배 이후, 새로운 유럽 질서를 구축한 빈 회의를 통해 오라녜가의 빌럼 1세(Willem I)가 네덜란드 왕국의 군주로 복귀하면서, 국가 교회로서 네덜란드 개혁교회의 지위가 회복됩니다. 문제는 빌럼 1세가 민족 국가를 신속히 구축하는 과정에서 바타비아 공화국의 중앙 집권 정책을 계승하면서 발생했습니다. 바로 1816년에 네덜란드 개혁교회를 정부 기관의 감독 아래 두는 일반 조례(Algemeen Reglement)를 제정한 것이었는데, 그 조례에 의하면 교회의 궁극적 존재 목적은 기독교 교리를 가르치고 실천하는 것뿐만 아니라, **군주에 대한 존경과 애국심을 고양하는 것**이었습니다.[2]

19세기 당시의 유럽 전체가 민족주의 의식이 서서히 고양되고 있던 터라, 이런 방식으로 이루어지는 교회의 국가 종속에 대해 의문을 제기하는 사람들은 적었습니다. 네덜란드의 경우, 흐로닝언(Groningen) 대학교의 신학자들은 외래적 요소를 제거하고 **참된 네덜란드식 기독교 사회**를 구축하는 것에 관심을 두었습니다.³ 민족주의적 가치 판단에 따라 흐로닝언 신학자들은 전통적 칼뱅주의 신학을 공개적으로 비판했고, 14세기의 공동 생활 형제단(the Brethren of Common Life)이나 토마스 아 켐피스(Thomas à Kempis), 에라스무스(Erasmus), 메노나이트 교단(the Mennonites), 요하네스 코케이우스(Johannes Coccejus) 등 네덜란드 출신들을 칭송했습니다. 이런 흐로닝언 신학은 군주에 대한 존경과 애국심을 고양시키려는 빌럼 1세의 종교적 이상과 맞아 떨어지면서 네덜란드 개혁교회를 대표하는 공적 신학이 되었습니다.⁴

흐로닝언 학파에서 장 칼뱅과 얀 라스키(Jan Laski)의 교회론을 비교하는 에세이 대회를 1859년에 개최했는데, 바로 그 대회에서 제가 우승하면서 신학자로서 첫걸음을 뗐고 이 에세이를 확장해서 쓴 글이 제 박사 논문 "칼뱅과 라스키의 교회론"입니다. 그 대회를 개최한 흐로닝언 학파는 라스키가 칼뱅보다 더 가치가 있다고 본 것인데, 라스키가 네덜란드 출신인 에라스무스와 친했고, 엠덴(Emden)과 런던(London)의 네덜란드 교회들에서 중요한 역할을 했다는 것입니다.⁵

흐로닝언 학파의 문제는 기독교 진리보다 **민족주의** 이데올로기를 더 우선시한다는 데 있습니다. 진리가 진리 자체로서 받아들여지기보다는, 민족주의 가치에 따라 받아들여지기도 하고 버려지기도 합니다. 또한 엄밀히 말해 이런 민족주의 이데올로기는 네덜란드에서 자체적으로 생긴 것이 아니라, 19세기 유럽의 낭

만주의로부터 영향을 받아 생긴 것입니다.[6] 무엇보다 가장 큰 문제는 빌럼 1세의 종교 조례로 인해 네덜란드 개혁교회를 감독하는 장관(Minister of Public Worship)이 임명되었고, 이로 인해 생겨난 권력과의 밀착 현상을 흐로닝언 신학이 더욱 강화시켰다는 점입니다.

국가 권력에 종속된 네덜란드 개혁교회의 부패와 위선을 고발하면서 1834년에 "분리"(Afscheiding)로 알려진 저항 운동이 일어났습니다. 헨드릭 더 콕(Hendrik de Cock)이라는 흐로닝언 지역 목회자가 참된 교회로의 회복을 위해 칼뱅과 도르트 총회가 고백했던 신조와 예전, 교회 정치로 **복귀**해야 함을 주창했고, 그 지역의 가난한 농부들, 자영업자들, 저학력 민중이 가세하면서 일종의 계급 투쟁 양상으로 확대되었습니다.

참된 교회에 대한 더 콕의 강조는 빌럼 1세의 네덜란드 개혁교회가 소수의 엘리트 집단으로 구성된 거짓 교회(valsche kerk)임을 고발하는 것이었고, 네덜란드 개혁교회와 정부로부터 엄청난 핍박을 받았습니다. 이 분리 운동에 참여한 모든 교회의 모임은 금지되었고, 그런 교회에 속한 목회자들은 법적 처벌을 받고 감옥에 갇혔습니다.[7]

그러나 분리 운동에 참여한 자들은 스스로를 십자가를 지는 교회(churches of the cross)로 부르면서 종교의 자유를 위해 기꺼이 그런 희생들을 감내했습니다. 이 분리 운동이 주축이 되어 탄생한 교단이 바로 바빙크의 모교단인 기독 개혁교회(Christelijke Gereformeerde Kerken, CGK)입니다. 바빙크는 이 분리 운동의 중요성을 다음과 같이 주장합니다. "무엇보다도 분리 운동의 영예와 영광은 국가로부터 자유로운, 바로 자유 교회(a free church)가 되는 것이었다."[8]

당시 정부와 교회 내 엘리트들의 결탁을 생각해 볼 때, 예배의 자유를 위해 기꺼이 모든 권리(특히 자녀들이 정규 학교를 다닐 수 있는 권리)를 희생하는 태도야말로 분리 운동이 강조하는 참된 교회의 모습이기도 합니다. 또한 실제로 이 분리 운동은 당시 네덜란드의 공적 세계에서 별 볼 일 없는 대중(kleine luyden)을 위한 운동입니다. 그들에게 칼뱅주의는 외부로부터 도입된 사상이 아니라 실제 삶에 목적과 의미를 제공하는, 생동감 있는 삶의 원리였습니다. 일부 종교적 엘리트들이 생각한 민족의식과 달리, 분리 운동에 참여한 일반 대중에게 칼뱅주의는 스페인의 가톨릭 왕조로부터 네덜란드를 해방시킨 사상적 원리로 인식되었습니다. 이런 의미에서 바빙크는 "칼뱅주의는 네덜란드라는 하나의 국민을, 하나의 민족성을, 하나의 공화국을 형성해 왔다"고 주장한 것입니다.[9]

그러나 이 회복 운동은 그들의 관점에서 거짓 교회와의 분리에서 멈추지 않았습니다. 한번 시작된 분열의 사고방식은 계속해서 분리 운동의 내부 분열을 부추겼고, 거짓 교회와 결탁한 타락한 국가와 결별하게 했습니다. "만약 네덜란드가 하나님을 등지고,… 만약 타락한 정부가 신실한 성도들을 박해한다면, 거룩한 나라가 아니라면, 적어도 종교의 관용이 있는 나라로 떠나는 것을 선택할 자유가 있다."[10]

그러나 바빙크는 자신이 분리 운동의 후예일지라도 이런 경건주의적·분리주의적·분파주의적 경향을 비판했습니다. 그는 예배의 자유를 이상적 모토로 삼아 모든 것을 내려놓고 모국을 떠나 미국을 향해 나아가는 이민의 물결에 대해 "그런 경향도 기독교적이라고 말할 수 있지만, 기독교의 전체 진리를 대변할 수는 없다"고 주장합니다.[11] 국가와 사회, 예술과 학문, 네덜란드의 모든 공적 영역을 타락 상태로 내버려 두고, 그것을 하나님의 뜻에 따라 개혁하는 어떤 노력도 행하지 않고 이민을 떠나는 것은, 믿음으로 세상을 이기는 것이 아니라 세상을 등지는 것이기 때문입니다.

마지막으로 여러분에게 소개하고 싶은 운동은 반혁명당의 사상적 모체가 된 문예적-영적 부흥 운동(Reveil)입니다. 시인 빌럼 빌더다이크(Willem Bilderdijk)는 프랑스 혁명으로 대변되는 이성 중심의 계몽주의를 외세의 것이라고 비판하면서, 모국어의 아름다움을 보여 주는 문학, 특히 시적 상상력을 통해 네덜란드의 민족의식을 일깨웠습니다. 또한 그에게 네덜란드의 민족의식은 네덜란드를 이스라엘처럼 하나님의 백성으로 택하신 하나님의 섭리와 연결되어 있었습니다. "빌더다이크의 시적 상상력은 네덜란드의 역사에 근거하는데, 구체적으로 네덜란드 독립 전쟁을 치르는 동안 로마 가톨릭인 스페인으로부터 자유를 획득하기 위한 네덜란드 칼뱅주의자들의 정치적·종교적 해방 투쟁과 관련됩니다."[12] 그러므로 이런 부흥 운동에 속한 사람들은 네덜란드를 칼뱅주의 국가로, 칼뱅주의 국가 교회를 실현하는 것을 그들의 비전으로 삼았습니다.

부흥 운동은 칼뱅주의를 네덜란드의 민족적 정체성과 연결하는 면에서 분리 운동과 일치하지만, 분리 운동의 분열주의와는 거리를 두었습니다. 그러나 부흥 운동은 국가 교회(volkskerk)의 신정주의적 이상을 고수한다는 면에서 정교분리의 현대 사회에 걸맞은 비전이 될 수 없었습니다. 바로 이런 부흥 운동을 구체적인 사회 정치적 프로그램으로 변환시킨 것이 흐룬 판 프린스터러와 저의 반혁명당입니다.

이미 "4장 신칼뱅주의 세계관: 도대체 칼뱅주의가 뭐길래?"에서 언급했듯이, 국가 및 교회와 관련된 칼뱅주의 교리는 저와 바빙크를 통해 정교분리의 현대 사회에 걸맞게 변화됩니다. 바로 영역 주권의 교리를 교회와 국가 관계에 적용하는 것입니다. 그러나 영역 주권 교리는 진공 상태에서 등장한 것이 아닙니다. 판 프린스터러가 다소 어렴풋이 구상한 것을 제가 완성했다고 보는 것이 맞습니다. 위에서 언급한 흐로닝언, 분리 운동, 부흥 운동은 제가 영역 주권 교리를 완성하는 데 역사적·사상적 배경이 됩니다.

앞에서 언급한 학파들 및 운동들과 마찬가지로, 저도 모국에 대한 애정으로 출발했습니다. 그러나 저는 도르트 신조나 부흥 운동이 바라는, 정부와 교회가 연계되는 신정주의적 이상을 부정합니다. 더욱이 정부와 교회가 결탁해서 타락한 행태들을 받아들일 수 없기에, 저도 국가 교회와 결별하고 새로운 교단(Doleantie, "애통")을 설립했습니다. 교회는 국가 권력으로부터 자유로운, 자유 교회가 되어야 합니다. 교회는 신앙의 자유를 위해서라면 교회가 행사할 수 있는 스스로의 모든 권리를 기꺼이 희생함으로써, 참된 교회가 무엇인지를 몸소 보여 주어야 합니다. 그러나 교회는 세상을 등지는 것이 아니라 믿음으로 세상을 이겨야 합니다. 국가와 사회를 하나님의 말씀으로 회복하고 개혁해야 합니다.

칼빈 신학교의 존 볼트 교수가 쓴 책의 제목 『자유로운 교회, 거룩한 나라: 아브라함 카이퍼의 미국적 공공신학』(*A Free Church, A Holy Nation: Abraham Kuyper's American Public Theology*)이 잘 보여 주듯이, 교회는 **자유 교회**로, 국가는 **거룩한 나라**로 개혁하는 것이 제가 평생 추구한 비전입니다. 현대 사회에서 국가로부터 자유로운 교회가 국가를 거룩하게 회복하기 위해서 어떻게 국가와 관계할지 다루는 것이 바로 영역 주권의 원리입니다.

【 함께 생각해 볼 문제들 】

1. 한국에서 교회와 국가의 관계는 흐로닝언, 분리 운동, 부흥 운동 가운데 어떤 것과 가장 가까운가? 그 이유에 대해 함께 토론해 보라. 국가 권력으로부터 자유로운 교회가 되기 위해 한국 교회가 힘써야 할 것은 무엇인가? 한국 교회가 예배(양심)의 자유를 위해 기꺼이 지고 가야 할 십자가는 무엇인가?

2. 칼뱅주의가 네덜란드에서 나온 민족 고유의 신학이 아닌데도 네덜란드의 민족 신학 혹은 국가 종교가 된 이유는 무엇인가? 현대 사회에서 교회가 국가를 거룩하게 회복하기 위해 무엇을 할 수 있는지 논의해 보라. 가령 다원주의 사회에서 한국 기독교의 ○○지역 성시화 운동, 전군 신자화 운동, 100만 군인 세례 운동, 민족 복음화 운동 등의 장단점을 토론해 보라. 한국에서 민족과 사회를 섬기기 위해 칼뱅주의가 애써야 할 것들은 무엇인가?

10장 _ 영역 주권은 신정주의적인가?

한국 교회 성도 여러분, 저는 지금으로부터 140여 년 앞선 1880년 10월 20일에 네덜란드 자유 대학교를 설립하면서 "영역 주권"(Souvereiniteit in Eigen Kring)이라는 취임 연설을 했습니다. "삶의 모든 영역을 통치하시는 그리스도께서 '이는 내 것이라!'고 외치지 않으시는 영역은 단 한 치도 존재하지 않는다"는 제 유명한 연설 문구를 여러분도 한 번쯤은 들어 보셨을 것입니다.[1] 그러나 풀러 신학교(Fuller Theological Seminary) 총장을 지냈던 리처드 마우는 이 표현이 유명해졌음에도 정작 영역 주권 사상에 깊은 관심을 갖는 사람이 없다고 비판한 적이 있습니다.[2]

사실 마우의 지적은 미국의 개혁파를 향한 것이었지만, 한국에도 충분히 적용할 만한 비판입니다. 신정주의적 뉘앙스를 지닌 수사나 용어들이 유명해지면서, 제 영역 주권 사상을 잘못 이해하고 미국과 한국에서 각각 기독교 국가를 추구하는 운동이 지속적으로 존재해 왔기 때문입니다.[3]

자유 대학교의 설립식은 암스테르담 신교회(Nieuwe Kerk)에서 상징적으로 열렸습니다. 네덜란드에서 신교회가 차지하는 국가적·민족적 위상은 이 교회가 암스테르담의 가장 중요한 광장인 담 광장, 그것도 왕궁 바로 옆에 위치해 있을 뿐만 아니라, 왕의 대관식이 1815년부터 예외 없이 이곳에서 거행되었다는 사실이 보여 줍니다.[4] 마치 영국 런던의 웨스트민스터 사원(Westminster Abbey)이나 미국의 워싱턴 내셔널 대성당(Washington National Cathedral)처럼 한 국가 혹은 민족을 대표하는 종교 기관이라고 생각하셔도 무방할 것 같습니다.

눈치가 빠른 분들은 아시겠지만, 저는 네덜란드가 역사적으로 자랑스러운 기독교 국가임을 확신합니다. 그러나 저에게 국가(nation)는 법적 구속력을 가진 정부 기관으로서의 국가(state)보다는, 민족(people)에 가까운 단어입니다.

그런데 19세기에 유럽에서 민족주의가 발흥하면서, 대부분의 유럽 국가들은 민족 국가(Nation-State)로 변모했습니다. 앞에서 말한 "신교회가 차지하는 국가적·민족적 위상" 혹은 "한 국가 혹은 민족을 대표하는 종교 기관"처럼, 국가와 민족을 혼용해서 사용할 수 있게 되었습니다. 그러나 엄밀한 의미에서 국가 교회는 우선적으로 정부 기관으로서의 교회를 의미하지만, 더 나아가 민족의 대부분을 구성한다는 의미에서도 사용할 수 있습니다. 그렇다면 암스테르담의 신교회가 국가 교회라고 할 때 의미하는 것은 무엇일까요? 정답은 둘 다입니다.

원래 신교회는 도르트 총회 이후 네덜란드 **민족**을 대표하는 공교회인 네덜란드 개혁교회에 속했습니다. 그러나 1816년 빌럼 1세의 일반 조례 이후 네덜란드 개혁교회가 정부 기관의 감독 아래 들어가면서, 민족을 대표하던 교회는 정부 기관에 속한 교회로 성격이 변합니다. 이것은 유아 세례 증서가 신앙고백을 따른 결과이면서 더 나아가 유아의 출생을 증명해 주는 공문서라는 점에서 잘 드러납니다.[5] 민족을 대표하는 공교회이면서 정부 기관에 속한 교회인 신교회에서 "삶의 모든 영역을 통치하시는 그리스도께서 '이는 내 것이라!'고 외치지 않으시는 영역은 단 한 치도 존재하지 않는다"고 했으니, 어쩌면 저를 신정주의자로 보는 것도 무리는 아닙니다.

그러나 저는 1886년에 정부 기관에 속한 네덜란드 개혁교회와 결별함으로써 교회가 국가로부터 자유로운 교회가 되어야 함을 드러냈습니다. 여러분이 잘 아시는 1886년의 "애통" 교단 출범은 사실 신교회의 당회실을 친정부 성향의 당회원들로부터 쟁취하기 위해 제가 당회실 문 패널을 직접 톱질해서 떼어 버린 사건에서 출발합니다.

1886년 1월 5일에 저는 당회원으로서 신교회의 당회실에 들어가고자 했는데, 당회실 문이 어떤 열쇠로도 열리지 않도록 목재 패널이 덧붙여져 있었습니다. 몇 시간을 허비하다가 다음날 아침에 변호사들을 대동한 저는 패널을 직접 톱질해서 떼어 버립니다. 바로 이 사건으로 인해 저는 네덜란드 개혁교회에서 면직되고, 저와 함께 면직된 분들과 함께 애통 교단을 출범합니다.[6]

이 사건은 신교회를 신교회의 당회가 운영하는지 혹은 정부 기관과 결탁한 국가 교회의 지도를 따라야 하는지 문제를 극명하게 보여 줍니다. 저희가 국가 교회와 결별한 가장 큰 이유는 교회가 정부의 하부 기관이 아니라, 무엇보다도 그리스도를 왕으로 고백하는 신자들의 모임이기 때문입니다. 다시 한번, 영역 주권 원리는 국가와 교회의 관계가 어떠해야 함을 잘 보여 줍니다. 교회는 신앙의 순결을 위해 기꺼이 국가 권력으로부터 자유로워야 합니다.

그러나 국가 교회와 결별한 애통 교단이 어떻게 네덜란드 민족을 대표하는 공적 교회가 될 수 있을까 하는 문제가 저에게 중요했습니다. 개혁파 교인들이 네덜란드 민족 가운데서 공공성을 획득하려면, 교회(교단) 내부에만 갇혀 지내서는 안 되고 적극적으로 세상에서도 빛과 소금의 역할을 감당해야 합니다. 이런 이유로 **삶의 모든 영역에서 하나님의 주권이 드러나게 하라**고 개혁파 교인들을 독려한 것입니다. 저도 정치 영역에 직접 참여해서 오랫동안 상원 의원으로 활동했을 뿐만 아니라, 반혁명당 대표 및 네덜란드 총리도 지냈습니다.

그러나 정치 영역에서 하나님의 주권이 드러나는 것은 신정주의적 기독교 정부를 구성하는 것에 있지 않습니다. 무엇보다도, 정교분리를 강조했던 프랑스 대혁명 이후에는 신정주의적 기독교 정부를 구현하는 것 자체가 현실적으로 불가능합니다.• 제가

• Rene Remond, *Religion and Society in Modern Europe*, trans. Antonia Nevill (Malden, MA: Blackwell Publishers, 1999); Evelyn M. Acomb, *The French Laic Laws, 1879-1889: The First Anti-Clerical Campaign of the Third French*

영역 주권을 통해 강조한 것도 교회는 정부의 권력과 어떤 결탁을 해서는 안 된다는 점입니다.

또한 종교적 중립의 세속 정부를 구성할지라도 그리스도인들이 적극적으로 정치에 참여하는 것은 가능합니다. 왜냐하면 정치 영역의 주권은 얼마나 정의를 실현하고 공공선에 기여하는지에 달려 있기 때문입니다. 그리스도인들은 각자의 신앙 양심에 따라 가장 정의롭고 공공선에 최상으로 기여할 만한 정치인을 지지하고 투표할 수 있습니다. 또한 기독 정치인으로서 적극적으로 정치 영역에 들어가 정의와 공공선을 구현할 수 있습니다.

"삼위일체 하나님의 주권이 삶의 모든 영역에서 드러나는 것"이 제 평생의 신학적 비전이었다면, 이 비전을 이루는 데 영역 주권이 차지하는 전략적 중요성은 정치적으로도 엄청납니다. 당시 네덜란드 정치 영역은 모더니즘이라는 하나의 꽃으로만 도배된 정원 같아서 다른 꽃, 특히 종교적 색깔을 띠는 꽃을 그 정원에 심을 수 없는 상황이었습니다. 정치 영역이나 공론장에서는 신정주의적이라는 비판으로 기독교적 양심이나 목소리를 제거하는 경우가 허다했습니다. 침묵을 강요받는 네덜란드 개혁파 대중에게 필요한 것은 세속적으로 변한 정치 세계에 어떻게 적응할지, 또한 하나님의 주권이 정치 세계에서 어떻게 드러나게 할지에 대한 해

Republic (New York: Columbia University Press, 1941). 프랑스 혁명을 거치면서 초월적 세계관 혹은 기독교 신념 체계를 거부하거나 적대시하는 세속주의 경향이 강화되고, 특히 프랑스 헌법 제1조에서 그 경향이 세속주의(Laïcité)로 제도화되어 규정된다.

답이었습니다.

제가 제시한 답은 영역 주권이었는데, 즉 삶의 모든 영역에 대한 절대 주권은 하나님께 있지만, 인간 삶의 각 영역(예를 들어, 정치, 경제, 학문, 예술 등)은 하나님이 그 영역들 자체에 부여하신 일종의 파생된 주권, 영역 주권을 가진다는 것입니다.[7] 예를 들어, 정치 영역은 그 영역의 원리와 운영 방식에 적합하다면 어떤 이념이나 사상을 가졌든지 누구나 자유롭게 참여할 수 있습니다. 또한 정치 영역에서는 누구든지 정의와 공공선을 실현하는 일에서 자유롭게 경쟁하면서 그 영역의 권위를 획득하고 책임을 다할 수 있습니다.

그러나 영역 주권이 함의하는 구조적 다원주의(structural pluralism)에 대한 깊은 이해 없이 제가 사용한 표현이나 용어가 유행하면서 저에 대한 불필요한 오해가 생겼는데, 즉 제가 신정주의자로 묘사되기 시작한 것입니다.[8] 저도 언급했듯이, 주권이라는 용어는 어떠한 방해나 반대 없이, 아니 반대가 있더라도 그것을 넘어 사실상 최종 결정을 내릴 수 있는 권한을 의미합니다. 당연히 이런 권한은 성경적으로 오직 하나님께만 존재합니다. 문제는 이런 영역 주권을 마치 하나님이 그리스도인들에게만 부여하신 것으로 오해하는 것입니다. 정치 영역에서 주권은 누가 정의와 공공선에 더 기여했는지, 학문 영역에서 주권은 누가 더 진리에 충실했는지, 예술 영역에서 주권은 누가 더 아름다움에 기여했는지에 있는 것이지, 그리스도인이라고 해서 그 영역에서의 주권을 당연하게 부여받는 것이 아닙니다.

또한 제 표현이 전투적이라고 해서 오해하시면 안 됩니다. 왜냐하면 제 목적은, 이원론적 세계관을 가지고 공적 영역을 모더니즘의 손아귀에 넘겨준 채 개인 영성과 교회 활동에만 만족하는 개혁파 교인들을 각성시켜서 하나님의 군사로 세우는 것이었기 때문입니다. 제가 그런 전투적 이미지와 표현을 사용한 것은 그리스도인들로 구성된 청중을 대상으로 했기 때문이라는 점을 확실히 해두어야 합니다. "삶의 모든 영역을 통치하시는 그리스도께서 '이는 내 것이라!'고 외치시지 않는 영역은 단 한 치도 존재하지 않는다"는 유명한 문구는, 불신자들도 포함된 공론장에서 외친 것이 아니라, 칼뱅주의 원리에 따른 기독교 사립 대학을 설립하는 역사적 현장에서 나온 것입니다.

한국의 성도 여러분, 삶의 모든 영역에 있는 삼위 하나님의 절대 주권을 믿으시기 바랍니다. 그러나 교회 공동체를 넘어서 정치 영역에 들어갈 때, 이런 신정주의적 용어를 사용하는 것이 지혜로운 일인지 고민해 보시기 바랍니다. 아무리 하나님의 주권이 성경적 용어일지라도, 불신자들이나 더욱이 안티 기독교인들이 존재하는 공론장에서 전투적 표현을 사용해서 불필요한 논쟁을 야기할 필요는 없습니다.

창조 때 각 영역에 부여된 하나님의 절대 주권을 신뢰한다면, 각 영역에 걸맞은 탁월한 사람이 되십시오. 정의를 실현하고 공공선에 기여하는 탁월한 기독 정치인 혹은 기독 시민이 되십시오. 학문 영역에서 탁월한 지식인이 되시고, 예술 영역에서 창조적 예술인이 되십시오. 직장 영역에서 실력 있는 직장인이 되시고, 종교 영역에서 신실한 그리스도인이 되십시오.

【 함께 생각해 볼 문제들 】

1. 한국 교회가 하나님의 주권을 공론장에서 표현하는 방식에 대해 어떻게 생각하는가? 대표적으로, 전광훈 목사의 태극기 집회를 어떻게 생각하는가? 혹은 대형 교회 목회자들이 국회 앞에서 차별 금지법에 반대하는 1인 시위를 하는 것에 대해 어떻게 생각하는가? 한국 교회의 정치 참여나 공론장 참여가 신정주의적인지 여부를 논의해 보라.

2. 리처드 마우가 영역 주권에 대한 미국 교회의 빈약한 이해를 지적한 것과 비교해 볼 때, 한국 교회의 이해는 어떤가? 왜 한국 교회는 영역 주권과 그 원리에 대한 이해를 추구하기보다는, 카이퍼의 유명한 표현인 "삶의 모든 영역에 있는 하나님의 주권"에만 집착하는지 논의해 보라. "정치 영역에서 주권은 누가 정의와 공공선에 더 기여했는지, 학문 영역에서 주권은 누가 더 진리에 충실했는지, 예술 영역에서 주권은 누가 더 아름다움에 기여했는지에 있는 것"이라는 저자의 주장에 대해 어떻게 생각하는가? 저자에게 영역 주권은 **삶의 각 영역에서의 그리스도인의 책임**에 가까운데, 어떻게 한국 교회가 성도들로 하여금 삶의 각 영역에서 책임을 다하게끔 도울 수 있는가?

11장_영역 주권은 세속주의를 부추기는가?

한국 교회 성도 여러분, 바로 앞에서 저는 하나님이 삶의 모든 영역에서 절대 주권을 가지실지라도, 인간 삶의 각 영역, 즉 정치, 경제, 학문, 예술 등은 하나님이 그 영역에 부여하신 일종의 파생된 주권을 가진다고 주장했습니다. 각 영역의 이런 주권은 하나님이 세상을 창조하실 때 각 영역에 부여하신 것이기에, 그 영역의 원리와 운영 방식을 규정합니다. 이런 의미에서 정치 영역은 정의와 공공선을 실현하려는 원리, 학문 영역은 진리를 추구하려는 원리, 예술 영역은 아름다움에 기여하려는 원리를 따라 운영됩니다. 이렇게 각 영역의 원리와 운영 방식을 충실히 따를 때, 비로소 신자들은 각 영역에서 창조주 하나님께 영광을 돌릴 수 있습니다.

마치 하나님이 영역 주권을 그리스도인에게만 부여하신 것으로 오해하는 분들에게 의문이 생길 수 있습니다. 저는 일반 은혜에 따라 신자나 불신자 모두 각각의 삶의 영역에서 주권을 행사할 수 있다고 했는데, 그렇다면 삶의 각 영역의 원리와 운영 방식을 따를 때 굳이 신자일 필요가 있을까요? 신자든 불신자든 각 영역의 원리와 운영 방식을 충실하게 따르면서 그 영역에서 주권을 행사한다면, 사실상 각 영역에서의 권위자가 불신자라도 상관없다면, 그 영역은 점차 세속화되지 않을까요? 삶의 모든 영역에서 하나님의 주권을 드러내라고 하지만, 영역 주권 원리는 사실상 정반대의 길을 가고 있지 않나요? 영역 주권이 신정주의적이라는 비판이 주로 교회 외부에서 제기되는 것이라면, 영역 주권에 대한 이 질문들은 주로 교회 내부에서, 즉 신자들에 의해 제기됩니다. 그러므로 이런 질문들에 대한 기독교 공동체의 대답이 무엇보다 시급합니다.

아니나 다를까, 영역 주권이 삶의 각 영역의 세속화, 특히 학문의 세속화를 부추길 수 있다는 염려와 걱정이 표출된 적이 있습니다. 바로 제가 1880년에 자유 대학교 설립 기념으로 영역 주권에 대해 강연한 날에 있었던 일입니다. 먼저, 설립식에서 자유 대학교의 관계자가 손에 들었던 상징 홀 위에 새겨진 미네르바 동상이 뜨거운 감자가 되었습니다. 특히 1834년에 국가 권력에 종속된 네덜란드 개혁교회로부터의 분리를 통해 참된 교회를 추구하려던 성도들의 비난이 상당했습니다. 지혜의 여신으로 여겨지는 로마 신화의 미네르바(그리스 신화의 아테나)를 기독교 대학의 상징 홀에 사용한 것이 "이교도적"이라는 비판이었습니다. 이에 대해 저는 그런 비판이 "광신적 성상 파괴주의"에 불과하며, 17세기의 개혁파 정통 신학자인 "푸치우스(Voetius)의 작품도 미네르바를 배움의 상징으로 다룬다"고 주장했습니다.

또 다른 사건은 자유 대학교 설립식 이후에 열린 공식 만찬에서 연회 참석자에게 포도주를 제공한 것을 비판하는 목소리가 상당했던 일입니다. "그 개혁파 사람들은 포도주에 물 타는 그런 부류가 아니야!"라는, 즉 포도주를 묽게 만들지 않고 독하게 마심으로써 기독교 진리를 훼손한다는 비판이었습니다. 포도주에 물을 타지 않는다는 그런 비판에 대해, 저는 동일하게 '물을 탄 우유'의 비유로 반박했습니다. "초콜릿 주전자나 물을 탄 우유로는 담대한 칼뱅주의자들을 길러낼 수 없다"는 것이었습니다.[1]

한국 교회 성도 여러분, 삶의 각 영역의 주권을 영역 자체에 부여하면 그 영역들은 정말 세속화될까요? 여러분은 세속화라는 용어를 어떤 의미로 사용하시나요? 세속화는 본래 교회나 성직자가 소유하고 관장하던 것의 소유권 혹은 감독권을 평신도나 교회 이외의 기관에 양도하는 것을 의미했습니다.[2] 여러분도 잘 아시겠지만, 중세 교회는 교회뿐만 아니라 우리 삶의 다양한 영역들, 즉 정치, 학문, 예술 등을 그 날개 아래 두었습니다. 그러나 프랑스 혁명 이후에 정교분리의 원칙은 근대화된 국가라면 반드시 따라야 할 헌법적 명제가 되었습니다.• 네덜란드도 1848년에 국가의 주권이 더 이상 왕이 아닌 의회에 있음을 헌법에서 명시할 때 정교분리의 원칙도 공표되고 실행되었습니다.[3]

이 책에서 주로 다루는 학문 영역에서도, 기독교 공립대학이었던 유럽의 수많은 대학이 종교적으로 가치중립적인 국·공립대학

• 104-105쪽의 각주를 보라. 프랑스 헌법 1조가 규정한 세속주의는 정교분리의 상징이기도 하다.

으로 변화되는 등 세속화가 진행되었습니다. 기독교 수도원을 주축으로 발달한 모든 기독교 대학이 더 이상 기독교 세계관 혹은 초월적 세계관을 통해 운영되지 않았습니다. 자연 과학의 상업적 성공은 유럽의 대학들을 지식 혹은 진리를 전달하는 강의 중심에서 새로운 지식 혹은 진리를 발견하는 연구 중심으로 이끌었습니다. 산업화된 세계에서 경제적 기회를 창출하기 쉽도록 모든 학문에서 자연 과학의 방법론을 따른 양적 연구가 유행했습니다.

이런 분위기를 가장 잘 대표하고 이런 방향으로 전환하여 가장 성공한 대학교가 독일 베를린의 훔볼트 대학교입니다.[4] 물론 이 대학의 슐라이어마허(Schleiermacher)는 신학의 대상을 하나님 자체로부터 인간의 종교적 경험으로 제한하면서 신학을 종교학의 일부로 격하시켰다는 부정적 평가를 받습니다. 그러나 우리는 이것이 자연 과학 방법론을 강조하는 근대화된 대학에서 점점 학문으로서의 입지가 좁아지는 신학을 위해 슐라이어마허가 선택한, 나름의 몸부림이었음을 잊지 말아야 합니다.

예술 영역에서는 특히 그림의 대상이 교회와 연관된 성스러운 것들에서 평범한 인간의 일상이나 정물로 확대되었습니다. 르네상스 이후에 인간 중심의 원근법이 처음으로 적용되기 시작하고, 특히 17세기 네덜란드의 회화, 대표적으로 페테르 루벤스(Peter Rubens)나 렘브란트 판 레인(Rembrandt van Rijn)은 종교개혁자 칼뱅의 영향으로 일상, 풍경, 정물, 초상을 통해 인간의 유한함을 강조했습니다.[5]

이런 식으로 삶의 다양한 공적 영역이 교회의 영향을 벗어나 그 자체의 독립된 영역으로 분화하는 것을 가리켜 "사회 분화 과정으로서의 세속화"라고 합니다.[6] 저는 이런 의미의 세속화 과정을 매우 찬성했는데, 왜냐하면 칼뱅주의 자체가 이런 사회 분화 과정으로서의 세속화에 엄청나게 기여하기 때문입니다.

저는 삶의 다양한 영역들, 즉 가정, 경제, 학문, 예술 등의 영역이 하나님이 창조 때 부여하신 영역 원리에 따라 운영된다고 봅니다. 삶의 각 영역은 하나님이 인간을 창조하실 때 인간에게 주신 본성들을 통해 자연스럽고 유기적으로 각 영역으로 발달하게 하신 것입니다. 가정 영역은 하나님이 인간을 남자와 여자로 창조하시고, 남녀 간 연합을 통해 자녀들을 출산하게 하심으로써 생깁니다. 가정은 이런 영역 원리를 통해 세상을 충만하게 합니다. 마찬가지로 인간의 지적 본성이 학문의 영역으로, 인간의 미적 감각이 예술 영역으로 발달한 것처럼 말입니다.

그러나 정교분리의 영향 아래서 삶의 각 영역이 이렇게 세속화 과정을 거칠 때, 제 주변의 경건주의 신자들은 그런 삶의 영역들을 포기한 채 교회 생활에만 충실한 방식으로 반응했습니다. 왜냐하면 그들은 로마 가톨릭의 이원론적 세계관을 따라 세상을 부정적으로만 바라보기 때문입니다. 이렇게 성과 속을 구분하는 이원론적 세계관을 가장 능동적으로 극복한 것이 칼뱅주의 세계관입니다. 무엇보다도, 세상 자체는 하나님이 창조하셨기에 선합니다. 아무리 죄로 얼룩진 세상이라 할지라도, 바로 그 세상을 하나님이 사랑하십니다. 이렇게 창조에 기반을 둔 영역 주권 원리는, 사회 분화 과정으로 인해 이미 교회의 영향을 벗어나 각각의 독립된 원리에 따라 운영되는 삶의 각 영역에 신자들이 적극적으로 참여하도록 합니다.

그러나 "사회 분화 과정으로서의 세속화"는 시간의 흐름에 따라 초월적 세계관을 거부하거나 아예 적대시하는 "세속주의로서의 세속화" 양상을 띠게 됩니다. 우리가 한국 교회가 세속화되었다고 말할 때, 아마도 우리는 세속주의의 다양한 형태가 한국 교회에 만연하고 있다는 의미로 사용하는 것입니다.

세속주의 양상이 가장 두드러진 곳은 지식을 창출하는 학문 세계입니다. 기독교적 관점으로 학문에 임하면 반지성적이라거나 비과학적이라는 평가를 즉각적으로 받습니다. 그러나 엄밀한 순수 과학이나 수학의 경우를 제외한다면, 학문에 참여하는 학자도 자신의 세계관이나 주관적 확신과 동떨어진 채 학문에 임할 수 없습니다. 특히 사회 과학이나 인문학의 경우, 학자의 인격적 요소가 학문 자체에 엄청난 영향을 끼칩니다. 현대의 연구 중심 대학은 학문을 할 때 페미니스트 관점, 인종적 관점, 가난한 자를 위한 관점, 동성애자들을 위한 관점 등 다양한 관점들을 허용하지만, 기독교적 관점만 유독 반지성적이거나 비과학적인 것으로 치부합니다. 이런 의미에서 수많은 기독교 대학(하버드, 예일, 프린스턴 등)이 세속화(혹은 세속주의화)되었다는 평가를 받습니다.

이런 세속주의화 경향은 학문 영역을 넘어 삶의 모든 영역으로 확대되어 갑니다. 특히 이런 경향이 더욱 심각해지면서 기독교적이거나 초월적인 관점을 아예 적대시합니다. 개인의 기독교 신앙은 사적인 것으로 치부될 뿐이며, 다양한 공적 영역들과 공론장에서 표출되어서는 안 된다고 말입니다.

저는 이런 세속주의화 과정에 철저히 반대했습니다. 왜냐하면 저는 삶의 모든 영역이 하나님의 주권 아래 있다는 칼뱅주의적 확신으로 살았기 때문입니다. 그뿐 아니라, 하나님의 은혜는 개인의 구원 영역에만 머물지 않고 삶의 모든 영역에 적용됩니다. 무엇보다도 하나님의 은혜는 삶의 모든 영역에 스며들며, 궁극적으로 모든 영역을 회복할 수 있습니다.[7] 이 세상에 하나님의 은혜로 회복될 수 없는 것은 결단코 아무것도 없습니다. 하나님은 세상을 멸하기 위해서가 아니라, 세상을 구원하고 회복하기 위해 이 땅에 오셨습니다.

저는 이런 성경적 근거뿐만 아니라, 근대 국가가 약속한 **자유**와 **평등**의 관점에서도 세속주의에 대해 반대했습니다. 불신앙을 토대로 일어난 프랑스 혁명은 정교일치 사회로부터 정교분리 사회로 이행하는 과정에서 자유와 평등, 박애를 약속했습니다. 그러나 아이러니하게도, 반기독교적 가치를 가지고 정치 영역에 참여하는 것은 가능하지만, 기독교적 가치를 가지고 정치 영역에 참여하면 신정주의적이라는 비난을 받습니다. 그리스도인들의 양심은 불편하며, 그리스도인들의 자유는 그들이 그리스도인이라는 이유로 억압됩니다. 현대의 연구 중심 대학에서 볼 수 있듯이, 기독교적 관점과 가치는 다른 관점과 가치와 달리 불평등한 대우를 받습니다.

그러므로 저는 영역 주권 원리가 그리스도인들에게 공적 영역에 참여할 수 있는 자유를 제공할 뿐만 아니라, 공적 영역을 하나님의 뜻에 따라 회복할 수 있는 기회를 준다고 여겼습니다. 그리스도인은 기독교 신앙에 따라 사적 영역에 갇혀 있으면 안 됩니다. 오히려 그 신앙을 따라, 하나님이 창조하신 세계에 적극적으로 참여해야 합니다. 자신이 있는 영역을 세속적 가치가 주도하도록 내버려 두어서는 안 됩니다. 후배 신학자 바빙크가 말한 적이 있듯이, "죄악이 가득한 세상을 떠나 경건한 신앙을 지키는 것도 소중하지만, 더욱더 값진 신앙은 이런 세상을 믿음으로 이기는" 신앙입니다.[8]

우리 그리스도인들은 세상에 거하지만, 세상에 속하지 않습니다. 세상에 거하는 이상, 하나님이 지으신 이 세상에 적극적으로 참여해야 합니다. 그러나 그리스도인들은 세속적 가치가 아닌 하나님의 뜻에 따라 살아갑니다. 이런 의미에서 영역 주권 원리는 그리스도인들이 분화된 사회 구조 속에서 각각의 독립된 영역에 참여할 때, 그 영역의 운영 원리와 방식에 맞게끔 살아가게 합니다. 그러나 세속적 가치에 휘둘리는 것이 아니라, 참여한 그 삶의 영역들을 기꺼이 하나님의 뜻에 따라 회복하도록 돕습니다.

【 함께 생각해 볼 문제들 】

1. 영역 주권 원리가 사회 분화 과정으로서의 세속화에 어떻게 기여하는지에 대해 논의해 보라. 여러분의 삶의 영역과 활동에서 세속주의로서의 세속화가 가장 심각하게 진행되었다고 여겨지는 부분은 어디인가? 세속주의에 굴복하여 공론장에서 기독교적 관점을 표현하지 못하는 것이 왜

민주주의의 발전, 특히 자유와 평등의 신장을 저해하는지에 대해 저자의 논지를 중심으로 논의해 보라.

2. 한국 교회가 성과 속의 이원론적 세계관을 극복했다고 생각하는가? 극복하지 못했다면 그 이유는 무엇인가? 한국 교회뿐만 아니라, 한국 사회 전체에 반지성주의가 득세하는 이유가 무엇인가? 왜 한국 교회는 죄악된 세상을 변혁시키기보다 교회 부흥에만 집착하는가? 어떻게 하면 한국 교회가 세속화의 물결에 휩쓸리지 않고, 삶의 각 영역을 하나님의 뜻에 걸맞게 회복할 수 있을까?

12장_영역 주권의 정수: 자유가 아니면 죽음을 달라!

한국 교회 성도 여러분, 여러분은 미국의 독립 전쟁 시기에 패트릭 헨리(Patrick Henry)가 행한 명연설 "자유가 아니면 죽음을 달라"(Give me liberty, or give me death!)를 기억하십니까? 헨리의 주장대로 인간에게는 절대로 양도할 수 없는 권리가 있는데, 바로 인간의 자유입니다.

헌법에 분명히 명시된 보통 사람들의 자유는 역사적으로 왕의 권력(혹은 주권)으로부터 쟁취해 내야만 하는 것이었기에, 대개 이런 정치적 자유를 향한 불같은 열정 하면 프랑스 혁명을 떠올리시는 분이 많을 것입니다. 사실 제가 활동한 19세기에 가장 유명했던 소설 가운데 하나가 『레 미제라블』(*Les Misérables*)입니다. 2012년에 뮤지컬 영화로 제작된 〈레 미제라블〉의 "민중의 노래"가 아직도 귓가에 울리는 것처럼 느끼는 분들도 계실 것입니다. "너는 듣고 있는가? 분노한 민중의 노래! 다시는 노예처럼 살 수 없다 외치는 소리!"

제가 앞에서 지적했던 것처럼, 프랑스 혁명의 여파로 1848년에 네덜란드도 왕이 가진 실질적 권력(혹은 주권)을 의회로 넘기는 헌법 개정을 합니다. 프랑스 혁명의 후광을 입은 정치적 자유주의자들은 인민 주권을 내세우며 거의 30년 동안 네덜란드 의회를 장악했습니다.

이에 발맞추듯이 네덜란드 개혁교회 안에 있던 신학적 자유주의자들은 프랑스 혁명이 종교개혁의 완성이라고 주장하면서, 장 칼뱅과 장 자크 루소(Jean Jacques Rousseau)에 대한 비교 연구가 성행했습니다.• 200년이라는 시간의 차이를 제외한다면, 둘 다 프랑스 출신으로 동일하게 제네바를 무대로 활동했다는 사실이 주목을 끌기에 충분했습니다. 루소 본인이 『사회계약론』이라는 저서에서 칼뱅을 상당히 높게 평가했습니다. "칼뱅을 그저 신학자로만 높게 평가하는 자들은 그의 진정한 위대함을 이해하지 못한 것이다.…모국에 대한 사랑, **자유에 대한 열정**이 우리에게서 소멸되지 않는 한, 그 위대한 인물에 대한 기억은 영원토록 축복을 상기시킬 것이다."[1] 이처럼 종교개혁과 프랑스 혁명의 관계, 혹은 칼

• Herman Bavinck, "On Inequality", in *Essays on Religion, Science, and Society*, ed. John Bolt, trans. Harry Boonstra and Gerrit Sheers (Grand Rapids: Baker Academic, 2008), pp. 145-163. 바빙크는 칼뱅과 루소를 비교하면서 종교개혁과 프랑스 혁명의 차이를 강조한다. 당시 네덜란드에서 프랑스 혁명이 종교개혁의 완성이라고 주장한 대표적 학자로 다니엘 샹테피 드 라 소세(Daniel Chantepie de la Saussaye)가 있는데, 그는 윤리 신학(Ethische Theologie, 여기서 윤리는 사실상 실존에 가까운 의미)의 창시자로서, 슐라이어마허의 영향으로 신학은 교리가 아니라 삶에 대한 묘사이며 그리스도의 완벽한 종교적-윤리적 삶을 추구하는 것으로 간주한다.

뱅과 루소에 대한 관심은 제 후배 신학자 헤르만 바빙크도 보였을 정도이니, 네덜란드에서 상당히 오랜 기간에 걸쳐 공적 담론의 주제였음을 알 수 있습니다.

정치적이든 신학적이든 자유주의자들이 공론장의 대세를 좌우하는 상황에서, 젊은 청년들을 제가 창당한 반혁명당의 당원으로 가입시키는 일은 매우 힘든 과제였습니다. 그때 제가 작성한 기사 제목이 "칼뱅주의, 우리의 헌법적 자유의 원천과 요새"(Calvinism, the Source and Stronghold of Our Constitutional Liberties)입니다.[2]

여러분, 위에서 언급한 〈레 미제라블〉의 "민중의 노래" 가사, 즉 "다시는 노예처럼 살 수 없다 외치는 소리"와 너무나 어울리지 않는 칼뱅주의 교리가 "하나님의 절대 주권" 혹은 "선택 교리"라고 생각하시나요? 저는 칼뱅주의에 대한 그런 오해와 편견으로 자라난 젊은 세대에게 칼뱅주의의 새로운 패러다임을 제시하고자 했습니다. **우리가 누리는 헌법적 자유는 역사적으로나 지리적으로나 칼뱅주의에 근거한 혁명, 즉 권위와 자유가 견제와 균형을 이루는 혁명에 기인한다는 것입니다.**

먼저, 하나님의 절대 주권을 강조할수록 인간의 자유를 억압하는 것 같다는 여러분의 오해를 풀어드리고자 합니다. 16세기 칼뱅주의자들은 종교개혁의 일환으로 각종 성상이나 동상을 다 파괴했는데, 이는 공공 기물 파손의 행태, 즉 공적 질서의 파괴가 아니라, 우상숭배에 대한 혐오, 특히 "너는 너를 위하여 새긴 우상을 만들지 말라"는 십계명의 명령에 근거한 활동이었습니다.

마찬가지로, 하나님의 절대 주권은 왕정이든 민주정이든 어떤 인간적 형태로도 재현될 수 없다고 보았습니다. 다만 칼뱅주의자들이 선호한 공화주의는 왕정과 민주정에서 생길 수 있는 신학적 문제점을 보완하는 형태였습니다. 도르트 총회에서 인정했듯이, 칼뱅주의자들은 인간의 전적 부패를 고백합니다. 하나님이 왕에게 절대 주권을 부여하시더라도, 타락한 인간이기도 한 왕은 권력을 남용할 수 있습니다. 심지어 왕이 권력을 잘 사용한다면, 그 왕에 대한 일종의 우상숭배가 있을 것입니다. 그러므로 왕의 권력에 대한 법적 구속과 견제가 있어야 합니다.

마찬가지로, 대중도 전적으로 부패했기에 그들의 자유는 언제나 방종이 되기 쉽습니다. 프랑스 혁명은 다수의 자유를 위해 소수의 자유를 희생했습니다.• 루소의 강력한 추종자인 로베스피에르(Robespierre)가 루소의 인민 주권 사상을 실현하는 과정에서 그 유명한 단두대를 설치하고 공포 정치로 나아갔음을 우리는 늘 기억해야 합니다. 그러므로 하나님의 절대 주권과 인간의 전적 타락을 받아들이는 칼뱅주의자들은 권력과 자유의 문제에서 양극단을 피하면서 공화주의를 선호하게 된 것입니다.

제 정치적 대부인 흐룬 판 프린스터러에게 프랑스 혁명은 유럽

• Alexis de Tocqueville, *Democracy in America*, trans. Harvey C. Mansfield and Delba Winthrop (Chicago: University of Press, 2002). 토크빌이 강조하는 미국식 민주주의는 중재하는 단체의 역할, 즉 대표적으로 교회를 통해 소수 개인의 자유를 관용할 수 있는 민주주의다. 이런 면에서 미국식 민주주의는 다수의 자유를 위해 소수의 자유를 희생시킨 프랑스식 민주주의에 비해 우월하다고 토크빌은 주장한다. 토크빌이 프랑스인이고 미국이 신생 민주주의 국가라는 측면에서 보면 당시에는 상당히 파격적 주장이었다.

문명을 병들게 하는 암적 존재였기에, 프랑스 혁명의 과실도 결코 따먹을 수 없는 금단의 열매 같았습니다.³ 그러나 프랑스 혁명이 제공한 인민의 자유를 저는 금지해야 할 것이 아니라 충분히 누려야 하는 소중한 열매로 봅니다. 제가 이끄는 반혁명당은 시대의 흐름에 역행하는 반동적 정당이 아니라, 더 나은 매력으로 네덜란드의 젊은이들에게 다가가려는 정당입니다.•

제가 묘사한 선택 교리는 하나님의 선택을 받은 인간이 더 이상 교회(로마 가톨릭)나 성직자들(루터교의 교사 개념)의 중재로 하나님께 나아갈 필요가 없으며, 개개인의 양심에 따라 하나님과 직접적 관계를 누리는 것입니다.⁴ 물론 탈기독교 사회를 살아가는 여러분은 신자와 불신자를 궁극적으로 분리하는 선택 교리가 어떻게 양심의 자유와 관련되는지 이해하기 어려우실 것입니다. 그러나 제가 살던 19세기 상황에서는 칼뱅주의에서 파생한 양심의 자유가 다양한 칼뱅주의 국가들에서 정치적 자유로 발전한다고 설명한 것이 파급 효과가 상당했습니다.

미국 독립 혁명, 영국 청교도 혁명, 네덜란드 독립 혁명은 칼뱅

• 반혁명당이라는 이름 자체가 프랑스 혁명에 대한 반대를 전면에 내세웠기 때문에 반동적이며 수구적이라는 이미지에 시달렸다. 물론 판 프린스터러의 리더십은 그런 이미지에 가까웠다. 그러나 카이퍼는 반혁명당이 프랑스 혁명에 대한 반대를 넘어 현대 문화에 걸맞은 새로운 기독교 정당이 되도록 노력했고, 실제로 그런 노력들은 네덜란드 최초의 현대식 정당 창당으로 이어진다. 반혁명당의 정신과 강령에 대해 다음을 보라. Abraham Kuyper, *Ons Program* (Amsterdam: J. H. Kruyt, 1879); *Our Program: A Christian Political Manifesto*, trans. and ed. Harry Van Dyke (Bellingham, WA: Lexham Press, 2015); 『아브라함 카이퍼의 정치 강령』(새물결플러스).

주의 국가들에서 어떻게 인민들이 충분한 자유를 누리면서도 국가의 질서가 안정적일 수 있는지 보여 주는 사례가 되기에 충분했습니다. 물론 제가 살던 시대보다 충분한 사료를 가진 여러분의 상황에서는 이런 혁명들 가운데 너무나 듣기 불편한 이야기들이 존재하는 것도 사실입니다. 대표적으로 청교도 혁명 때 있었던 폭력적 내란, 국왕 살해, 아일랜드 지역에 대한 테러 등은 제가 비판했던 프랑스 혁명의 문제점들과 별반 차이가 없습니다. 그러나 제가 살던 19세기에는 칼뱅주의가 하나의 문화적 패턴으로서, 근대 시민 국가의 권위와 자유 개념의 원천이라는 것을 보여 주는 데 별 문제가 되지 않았습니다.

사실 이런 주장은 당대 지성인들[조지 밴크로프트, 막스 베버(Max Weber), 에른스트 트뢸취, 알렉시 드 토크빌]의 공통된 전제였고, 대다수의 사람들이 받아들이는 사회적 상상력이기도 했습니다.• 저는 반혁명당이라는 이름에 다소 걸맞지 않게, **프랑스 혁명보다 더 나은, 칼뱅주의 국가들에서 일어난 혁명이 존재한다**고 주장했습니다. 거기에 덧붙여, 근대 시민 국가에 있는 자유의 원천은 프랑스 혁명이 아니라 칼뱅주의라고 천명했습니다.

이런 칼뱅주의의 정치 철학적 문맥에서 영역 주권을 살펴보면,

• Max Weber, *Die protestantische Ethik und der Geist des Kapitalimus* (1905), 『프로테스탄트 윤리와 자본주의 정신』(문예출판사); Tocqueville, *Democracy in America*. 막스 베버는 개신교 윤리, 더 구체적으로는 칼뱅주의의 소명과 예정 교리가 현대 "자본주의의 정신"이라고 주장한다. 또한 미국의 역사가 밴크로프트나 프랑스의 정치가 토크빌은 "질서 있는 자유에 대한 미국적 실험"이 기독교, 더 구체적으로는 칼뱅주의의 영향 아래서 시도되었음을 강조한다.

영역 주권 교리는 다름 아니라 삶의 각 영역이 국가나 권력의 부당한 간섭으로부터 자유롭게 각 영역 자체의 권위와 책임 아래서 운영되는 것을 의미합니다. 헤겔 철학의 영향을 받은 자들이 국가를 "내재적 하나님"(the immanent God)으로 신격화하면서 권력은 행정부를 중심으로 중앙집권화, 아니 독재 정부로 나아가게 됩니다.• 인간의 전적 부패를 다시 한번 상기한다면, 미국의 삼권 분립처럼 견제와 균형이 조화를 이루어야 합니다.

더 나아가, 저는 이런 권력의 분립과 균형이 삶의 모든 영역으로 확대되어야 한다고 생각했습니다. 하나님이 부여하신 창조 원리에 따라 삶의 각 영역은 분화된 권력과 책임에 따라 운영되어야 한다고 말입니다. 그러므로 **하나의 영역은 또 다른 영역에 부당하게 간섭하거나, 자체의 영역에 통용되는 원리를 다른 영역에 부과해서는 안 됩니다.**

사실 중세 기독교 국가의 가장 큰 문제는 바로 교회가 학문이나 예술 같은 다른 영역에 이래라저래라 훈수를 두는 것입니다. 프랑스 혁명 이후에도 국가가 교회를 대체했을 뿐이지 동일한 문제에 직면합니다. 이런 측면에서 제가 국가나 교회의 부당한 간섭 **으로부터 진정 자유로운** 대학교, 즉 암스테르담의 자유 대학교 설립식에서 영역 주권에 대해 연설한 것입니다.

• Richard Weikart, *Hitler's Religion: The Twisted Beliefs that Drove the Third Reich* (Washington, D.C.: Regnery History, 2016). 웨이카트의 주장에 따르면, 히틀러는 자연을 하나님과 동일시한 범신론적 경향을 보인다. 또한 히틀러는 자신이 "열등한" 인간들을 제거하고 우월한 아리안족의 재생산과 복지를 증진시킴으로써 하나님을 잘 섬기고 있다고 확신했다.

그러나 진정한 자유는 그 선택에 따른 책임을 지는 것입니다. 삶의 각 영역이 영역 주권에 따라 발전하기 위해서는 그 영역 자체 내의 윤리적 퇴보에 저항해야 합니다. 만일 학문 영역이 진리에 부합하지 않고 인간관계에 따라 운영된다면 어떤 일이 벌어지겠습니까? 마찬가지로 교회(종교) 영역이 신앙이 아닌 자본의 논리에 따른다면 어떨까요? 영역 자체 내에서 윤리적 퇴화가 심화되어 법적 문제가 생길 때 국가의 개입이 필요하게 됩니다. 그러므로 삶의 각 영역의 자유로운 발전은 깨어 있는 시민들의 윤리와 직결되는 것입니다.

여러분도 잘 아시다시피, 국가는 삶의 모든 영역에 대해 주권을 행사하려고 합니다. 현대 사회에서 과학 기술 문명이 더욱 발전하면서, 국가의 이런 지배적 성향은 더욱 강화됩니다.[5] 개인이 이런 국가 권력과 충돌할 때, 시민 사회로 구성된 중재하는 기관의 도움이 없다면 정당한 대우를 받기 어렵습니다. 토크빌이 당시로서는 신생 국가인 미국의 민주주의를 유럽의 그것보다 높게 평가한 이유 가운데 하나는 국가의 권위와 개인의 자유 사이를 중재하는 시민 사회의 **역동성** 때문이었습니다. 시민 사회의 발전을 위해 무엇보다 필요한 것은 삶의 각 영역이 자체의 영역 원리에 따라 자유롭게 발전하는 것입니다. 이를 위해 각 영역 자체에 능력이 출중하면서도 도덕성을 갖춘 인재가 필요하고, 자유 대학교의 존재 이유가 바로 이런 인재를 양성하는 데 있습니다.

정리하자면, 하나님의 절대 주권을 믿는 칼뱅주의자들은 아이러니하게도 때론 혁명에 이르기까지 자유를 사랑합니다. 마치 하나님이라도 되는 것처럼 절대 주권을 행사하는 타락한 국가 권력을 향해 "자유가 아니면 죽음을 달라"고 기꺼이 외쳐 왔습니다. 칼뱅주의자들의 자유에 대한 열정은 혁명의 한 시기에 그치는 것이 아니라, 영속적으로 국가 권력의 부당한 간섭을 벗어나 삶의 각 영역이 그 자체의 영역 주권 원리에 따라 자유롭게 발전하는 것을 지향합니다. 그러나 이런 칼뱅주의자들의 자유는 인간의 전적 부패 같은 윤리 의식과 결부되면서 국가 질서와 조화를 이룹니다. 왕이든지 국가든지, 심지어 민중이든지, 모든 인간의 권력은 부패할 수 있고 모든 인간의 자유는 방종에 이를 수 있기 때문입니다.

이런 면에서 칼뱅주의가 프랑스 혁명보다 더 나은 헌법적 자유의 원천이며 요새라고 할 수 있습니다. 삶의 모든 영역을 통치하시는 하나님의 주권을 믿는 칼뱅주의자들은 국가의 부당한 간섭을 받지 않는 자유 교회에서부터 삶의 각 영역 원리에 따른 자유로운 시민 사회를 구현하려고 합니다. 그것이 자유에 대한 칼뱅주의적 열정입니다.

【 함께 생각해 볼 문제들 】

1. "우리가 누리는 헌법적 자유는 칼뱅주의에 근거한 혁명, 즉 권위와 자유가 견제와 균형을 이루는 혁명에 기인한다"는 카이퍼의 진술을 어떻게 생각하는가? 카이퍼가 이 진술의 예시로 드는 칼뱅주의 혁명 국가들(대표적으로 영국, 미국, 네덜란드) 가운데 권위와 자유가 견제와 균형을 이루는 국가가 있는가? 현대 국가들 가운데 어느 나라가 대표적으로 정

부의 권위를 강조하는가? 혹은 어느 나라가 대표적으로 개인의 자유를 강조하는가? 프랑스 정치가 토크빌은 미국식 민주주의가 유럽의 민주주의보다 낫다고 보았는데, 토크빌의 주장에 당신이 동의하는지 혹은 동의하지 않는지 밝히고 그 이유를 말해 보라. "자유의 미래를 보려거든, 암스테르담을 보라"는 말이 있는데,[6] 네덜란드 사회가 권위와 자유의 견제와 균형을 어떻게 확보하고 있다고 생각하는가?

2. 카이퍼가 제시하는 영역 주권의 원리는 현대 민주주의에서 자유를 증진시키는 데 어떻게 이바지하는가? 각 영역이 각 영역 원리에 따라 운영되는 것이 어떻게 시민 사회의 역동성을 향상하는가? 삶의 각 영역에 국가의 개입이 언제, 어떻게 필요한가? 시민 사회의 도덕성과 공공선을 고양시키기 위해 교회가 제공할 수 있는 사역에는 무엇이 있을지 토론해 보라.

4부 카이퍼 신학, 나라를 바꾸다

13장_다원주의 사회에서의 기독교 세계관

한국 교회 성도 여러분, '무티'(Mutti, 엄마) 리더십으로 유명한 앙겔라 메르켈(Angela Merkel) 전 독일 총리에 대해 들어 보셨을 것입니다. 물론 제가 활동한 지 한참 지나서, 20세기 말과 21세기 초에 활동한 분이죠.

  사람들이 너무 쉽게 간과하는 것 가운데 하나는 메르켈이 저처럼 기독 민주당 출신이라는 점입니다. 네덜란드에서 제가 세운 반혁명당은 이후에 기독 민주당(Christen-Democratisch Appèl)으로 당명을 바꿉니다. 물론 네덜란드의 기독 민주당은 칼뱅주의를 원칙으로 운영되고, 독일의 기독 민주당은 루터주의를 중심으로 하지요. 그러나 메르켈의 난민 수용 정책과 관련된 일화는 메르켈과 저의 유사성을 잘 보여 줍니다.

  사실 메르켈은 난민 수용 정책으로 독일 민족주의자들에게 증오의 대상이 되었고, 전 세계적으로 반이민 정책의 선봉이던 트럼프에게 조롱을 당하기도 했습니다. 그러나 메르켈은 언제나 일관성 있게 난민 수용 정책을 추진했는데, 너그러움과 환대야말로 독일 정신의 구현이라고 보았기 때문입니다.

이런 분위기에서 한 기독 민주당원이 메르켈에게 무슬림 이민자들의 대거 유입으로 인해 독일이 이슬람 국가가 되는 것이 아니냐고 지적했고, 그때 메르켈이 그 당원에게 대답한 말이 바로 제가 기독교 세계관을 기반으로 해서 네덜란드에서 추구했던 정치 사회적 비전과 일치합니다. 메르켈은 그에게 "독일의 이슬람화가 두렵다면, 당신이 속한 교회 공동체 활동에 최선을 다하세요"라고 조언했습니다. 즉 종교의 자유가 보장되는 구조적 다원주의 사회에서 그리스도인이 할 수 있는 최선은 다른 종교를 배제하거나 혐오하는 것에 있지 않고, 다른 종교들과 공존하거나 경쟁하면서도 그 자체의 발전을 위해 힘써야 한다는 것입니다. 교회는 이슬람을 반대만 할 것이 아니라, 오히려 자신의 매력을 강화하는 데 집중해야 합니다. 바로 이런 공공신학적 전망이 저의 정치적 활동을 통해 네덜란드 사회에서 이념적 혹은 세계관적 기초에 따른 분화를 통해 구현되었습니다.[1]

지금도 유럽과 영미권에서 "자유의 미래를 보려거든, 암스테르담을 보라"고 말하는 것처럼,[2] 저는 자유의 철저한 구현이야말로 네덜란드 정신의 핵심이라고 보았습니다. 그래서 네덜란드 사회의 가장 밑바닥에 있는 민중도 그런 자유를 누릴 수 있도록 정치 사회 구조를 변혁시키는 데 매진해서 미국이나 유럽의 민주주의와 구분되는 이른바 제3의 민주주의, 즉 협의적 민주주의(consociational democracy)를 정착시켰습니다. 이런 구조적 다원주의를 배경으로 해서 누군가—특히 사회적 소수일지라도—의 사상과 지향(richting) 혹은 세계관이라도 배척되지 않는 참된 관용이 실현됩니다.

다원주의 사회에서의 기독교 세계관

한국 교회 성도 여러분, 기독교 세계관이라고 하면 주로 창조-타락-구속의 성경적 모티브를 강조하다 보니,[3] 타락한 세상을 하나님의 말씀으로 회복하는 것에 집중하면서 마치 단 하나의 세계관만 있는 것처럼 여기는 경향이 그리스도인들에게 있습니다. 물론 기독교 국가의 시대에는 기독교 세계관이 유일무이한 세계관으로 존재했습니다. 그러나 기독교 세계관이라는 용어 자체는 기독교가 아닌 다른 구별된 세계관들의 존재를 전제하는 것으로, 다원주의적 배경을 염두에 둔 것입니다. 현대 다원주의 사회에서는 세계관들 사이의 공존과 경쟁, 때로는 갈등까지도 필연적이어서, 기독교 세계관도 이에 걸맞은 체계로 조정되어야 합니다.

여기서 어떤 분들은 제가 기독교의 절대적 진리를 부정하고, 모든 것을 상대화하는 이념적 다원주의에 기독교 세계관을 동화시키는 것은 아닌지 염려하실 것입니다. 걱정하지 마십시오! 저에게 기독교 세계관은 하나님의 절대 주권에 기반을 둔 것으로, 여기서 물러난 적이 결코 없습니다. 다만 저는 다양한 세계관이 경쟁하는 다원주의적 사회에서야말로 기독교 세계관이 그 자체의 매력으로 더 나은 정치 사회적 비전이 될 수 있다고 여겼습니다.

그동안 기독교 세계관이 종교적이라는 이유로 공론장에서 일방적으로 배제되었다면, 이제 다원주의 사회에서는 기독교 세계관도 하나의 세계관으로서 적극적으로 공적 영역들에 참여할 수 있는 자유를 갖게 됩니다.

대표적으로 학문의 세계를 살펴보면, 칸트 이후로 경험 실증적 학문(이를테면 자연 과학)이 아니면 학문으로 인정받지 못하는 상황에서, 종교적 세계관으로 학문의 세계에 참여하면 비웃음을 당하기 십상이었습니다. 그러나 저는 경험 실증적 학문만 학문으로 보는 것은 사실 혹은 객관에 기반을 두지 않은 것이고, 이것도 자연주의 세계관을 토대로 실행되는 것일 뿐이라고 비판했습니다. 저는 애초부터 초월적 세계관을 학문 영역에서 배제할 것이 아니라, 자연주의적 세계관이든 초월적 세계관이든 다원주의 사회에서 각각의 학문적(혹은 양심의) 자유로, 자체의 학문적 열매를 통해 정당하게 평가를 받는 것이 낫다고 봅니다.

마찬가지로 모든 공적 영역에서 개개인의 신념과 세계관 등이 종교적이거나 기독교적이라는 이유로 등한시될 필요가 없습니다. 누구나 각자의 세계관을 가지고 세상이라는 현실에 참여할 수 있는 자유가 있어야 합니다.

한국 교회 성도 여러분, 기독교 세계관 운동은 네덜란드 정치, 특히 자유와 평등의 확대에 따른 민주주의의 발전에 기여했습니다. 먼저 제가 정치에 입문한 계기가 바로 기독교 세계관에 따라 자녀를 교육하고자 하는 열망을 가진 부모들의 권리를 대변하기 위함이었습니다.[4] 교육은 자녀의 미래와 직결되기 때문에, 자녀를 사랑하는 부모라면 지위 고하를 막론하고 자녀가 최선의 교육을 받기를 원합니다. 물론 현실적 여건에 따라 그렇지 못할 때가 많습니다. 국가의 미래도 탁월한 인재 양성에 달려 있기 때문에, 교육을 통해 국가 발전을 위한 인적 자본을 형성해야 합니다. 산업혁명 이후 전 유럽이 새로운 사회에 대한 비전을 품었고, 그 비전을 이루기 위해 국가가 원하는 인재들을 하향식(top-down)으로 육성했습니다.[5]

대표적으로 메르켈의 독일이 그랬습니다. 산업 혁명의 후발 주자인 독일이 유럽에서 선두 주자로 치고 나가는 데 가장 큰 역할을 한 것이 바로 과학 기술과 산업을 연계한 연구 중심 대학의 탄생이며, 대표적으로 베를린의 홈볼트 대학교가 있습니다. 기존의 대학 모델이 주로 교양 중심 대학이었다면, 베를린의 홈볼트 대학교가 성공한 이후 대부분의 대학이 경제적 수익 창출에 기여하는 연구 중심으로 전환합니다. 그뿐 아니라 대학에 진학하지 않는 이들을 위한 다양한 직업 혹은 기술 학교 등이 급증합니다. 즉 교육은 현대 국가에 걸맞은 정치 사회적 비전을 이루기 위한 중요한 매개 역할을 하게 됩니다.

이런 배경에서 네덜란드도 국가 발전에 유익이 되는 현대화된 공립 교육을 추구하는데, 즉 가치 중립을 이유로 종교나 기독교 교리와 무관한 공교육을 강조하는 것입니다. 특히 국가 재정이 공립학교 교육만 지원하고, 종교적 색채를 띠는 사립학교는 단 한 푼도 지원을 받지 못하면서 모든 교육비용이 오롯이 부모의 부담이 됩니다. 그러므로 경제적으로 부유한 부모만 자신들이 원하는

대로 자녀 교육을 선택할 수 있습니다. 아무리 기독교 세계관에 근거해 자녀를 교육하고자 해도, 그만한 경제적 능력이 되지 않는 부모는 어쩔 수 없이 원하지 않는 공립학교 교육에 자녀를 맡겨야 했습니다.

그러나 여러분, 교육과 관련해 반드시 염두에 두어야만 하는 것은 어떤 교육 정책도 가치중립적일 수 없다는 점입니다.[6] 기독교 세계관이든, 무신론적 세계관이든, 다양한 철학(칸트, 헤겔, 루소 등)에 기반을 둔 세계관이든, 모든 교육은 각각의 세계관에 따라 이루어집니다. 국가 주도의 공교육은 국가 발전과 관련한 집단 정체성을 형성하기 위한 다양한 이데올로기의 영향을 받습니다. 그렇다면 종교적 혹은 기독교적 세계관에 기반을 둔 교육은 국가 발전에 기여할 수 없다고 굳이 단정할 필요가 있을까요? 네덜란드 사회의 다수를 구성하는 칼뱅주의자들이 자신의 양심을 따라 자녀를 교육할 수 있는 자유를 제한할 필요가 있을까요? 국가 발전을 위해 단 하나의 세계관, 무신론적 세계관에 특권을 부여하고 다른 세계관에 기반을 두고 자녀를 교육하고자 하는 부모들의 양심을 짓누른다면, 그것이 정말 국가 발전에 도움이 될까요?

저는 각자의 세계관에 따라 자녀를 양육시키는 것이 국가를 분열시키는 것이 아니라 오히려 고차원적으로 더욱 하나 되게 한다고 봅니다. 다시 한번 강조하지만, 제가 생각하는 네덜란드는 단 하나의 꽃만 있는 정원이 아니라, 다양한 꽃이 각각의 아름다움으로 경쟁하는 정원이어야 합니다.

【 함께 생각해 볼 문제들 】

1. 카이퍼가 자유의 철저한 구현을 네덜란드 정신의 핵심으로, 메르켈이 너그러움과 환대의 구현을 독일 정신으로 보았다면, 당신이 생각하는 한국 정신의 핵심은 무엇인가?

2. 당신은 다원주의가 궁극적으로 기독교의 절대 진리에 대한 부정이나 상대화로 나아간다고 생각하는가? 그렇다면 그 이유는 무엇인가? 혹은 저자의 설명처럼, 이념적 차이(이념적 다원주의)에도 불구하고 공론장에서 각각의 이념이 공존하며 각각의 아름다움(구조적 다원주의)으로 경쟁할 수 있다고 보는가? 현대 다원주의 사회에서 이념적 다원주의와 구조적 다원주의의 구분이 제공하는 장단점은 무엇인가?

3. 당신은 한국의 공립학교 교육도 기독교 사립학교만큼 이데올로기적이라는 주장에 동의하는가? 한국에서 비인가 기독교 대안학교도 공립학교처럼 국가의 경제적 지원을 받아야 한다고 생각하는가? 그런 국가적 지원이 한국의 그리스도인 학부모들의 양심의 자유에 어떻게 기여하는가? 가난한 학부모들이 원하는 교육을 자녀가 받도록 하는 것이 어떻게 평등에 기여하는가?

14장 _ 기독교 세계관에 기반을 둔 기독교 하위문화

제가 세운 네덜란드 최초의 현대식 정당인 반혁명당은 기독교 교육을 위한 인민 청원에 동참했던 305,596명의 개신교 신도들과 164,000명의 로마 가톨릭 신도들을 중심으로 형성되었습니다. 인민 청원에 참여한 사람들은 당시 네덜란드 인구의 상당수를 차지했고, 이는 국민의 마음이 어디로 향하는지 명확히 보여 줍니다. 반혁명당은 누구나 각자 양심의 자유에 따라 자녀 교육을 할 수 있는 동등한 기회를 가져야 한다고 주장함으로써, 국가가 공적 영역에서 모든 이를 위한 자유와 평등을 보호하고 증진해야 함을 강조한 것입니다.[1]

특히 인민 청원에 참여했던 종교적 대중은 인구 구성 면에서 다수를 차지할지라도 대부분 가난하고 배우지 못해서 공론장에서 소외된 자들, 무엇보다 선거권이 없는 자들이 많았습니다. 네덜란드 민주주의의 발전을 위해서는 소외된 개혁파 대중에게 선거권이 확대되는 것이 필요했습니다. 개혁파 대중의 선거권 확보는 반혁명당의 교육 정책을 실현하기 위해 반드시 이루어져야 했기에, 반혁명당과 교육 정책, 그리고 선거권은 개별적이면서도 각각이 하나로 연결되어 있습니다. 반혁명당이 추구한 정치 철학은 양심의 자유를 네덜란드 정신의 핵심으로, 자녀 교육을 양심의 자유가 구현되는 방식으로, 선거권 확대를 통해 이런 정치 비전을 실현하려고 합니다. 특히 선거권 확대는 진보적 자유주의자들이나 사회주의적 민주주의자들과 공명하는 부분이기 때문에, 자타가 인정하는 카이퍼주의자 니콜라스 월터스토프도 『정의와 평화가 입맞출 때까지』에서 저를 해방 신학자처럼 묘사했습니다.[2] 즉 공적 영역에서 차별받고 소외된 개혁파 대중을 해방시킨 측면을 강조한 것입니다.

그러나 이런 노력은 대중의 인기에 영합한 것이라는 비판을 받기도 했고, 심지어 반혁명당의 분열로도 이어졌습니다. 자유 대학교를 함께 설립하고 반혁명당을 함께 이끌었던 로만(A. F. de Savornin Lohman)은 진보적 선거권 확대를 반대하며 기독 역사 연합(Christian-Historical Union)을 새롭게 창당합니다. 로만이 보기에 대중은 프랑스 혁명의 극단적 상태—특히 단두대로 상징되는 로베스피에르의 공포 정치—로 치달을 수 있기 때문입니다. 그러나 저는 하나님의 절대 주권을 인정하는 민중, 즉 칼뱅주의자들이야말로 하나님 나라의 가장 신실한 백성이면서도 네덜란드의 공공선에 최선으로 기여할 수 있는 민주주의자들이라고 믿었습니다.

물론 제 동시대의 칼뱅주의자들이 항상 그런 유형은 아니었습니다. 제 후배 신학자 바빙크도 지적했듯이, 개개인의 삶의 경건을 중시하면서 공적 삶의 영역들을 도외시하는 이들이 많았습니다. 그들에게 세상은 죄악으로 가득 차 있기 때문에, 악한 세상의 난파선으로부터 한 영혼이라도 탈출시키는 교회의 역할만 강조했습니다. 심지어 모국인 네덜란드를 포기하고 미국, 특히 미시간과 아이오와에서 새로운 인생을 살아가는 부류들도 존재했습니다. 이들은 하나님의 주권을 각자의 경건한 삶에서 인정했다고 볼 수 있지만, 바빙크의 지적처럼 뭔가 아쉽고 불충분한 신앙이라고 할 수 있습니다.[3] 왜냐하면 제가 "영역 주권"에서 강조한 것처럼, "삶의 모든 영역을 통치하시는 그리스도께서 '이는 내 것이라!'고 외치지 않으시는 영역은 단 한 치도 존재하지 않"기 때문입니다.[4]

하나님의 절대 주권을 강조하는 칼뱅주의자라면 삶의 각 영역에도 하나님이 부여하신 일종의 파생된 주권, 영역 주권이 있음을 인정합니다. 그러나 전통적으로 칼뱅주의는 정치 영역에 참여할 때 신정주의적 태도를 취했기 때문에, 제가 말한 영역 주권에 대한 오해가 심각합니다. 이에 대해서는 이미 "영역주권은 신정주의적인가?" 부분에서 다루었기에 반복하지는 않겠습니다.

다만 당대의 칼뱅주의자들도 공적 영역, 특히 정치 영역을 도외시하거나 신정주의적으로 접근했기에, 현대화된 네덜란드 정치에 걸맞게 변화해야 했습니다. 바로 이를 위해 필요한 것이 기독교 저널리즘입니다. 여러분도 잘 알다시피, 저는 다양한 직업(목사, 신학 교수, 대학 설립자, 정치가, 언론인 등)을 섭렵했습니다. 그중에서도 가장 오랜 기간 종사했던 직업은 여러분의 일반적 예상과 달리 목사나 신학자, 혹은 정치가가 아니라, 언론인입니다.

저는 "자유로운 네덜란드에서의 자유로운 교회와 자유로운 학교"라는 이상을 추구한 주간신문 「더 헤라우트」와 정치 전문 일간신문 「더 스탄다르트」의 편집 방향과 기사 게제 결정을 주관하는 최고 책임자였습니다.[5] 물론 탁월한 작가로서 다양한 주제들을 섭렵하여 신문 사설에 기고한 장본인이기도 합니다. 제가 네덜란드 최고의 대학인 레이던 대학교에서 신학을 전공하고 탁월한 작가로서 언론계에 종사하다가 정치가로서 총리의 역할을 수행한 것을 생각하면, 전 영국 총리 보리스 존슨(Boris Johnson)이 저와 가장 유사한 경우일 것입니다. 존슨도 영국 최고의 대학인 옥스퍼드 대학교에서 고전학을 전공하고 탁월한 작가로서 언론계에 종사하다가 정치인으로서 성공한 경우이기 때문입니다.

또한 인쇄술의 발달이 루터의 종교개혁을 가능하게 했던 것처럼, 제가 언론인으로서 정치 영역에서 거둔 성공은 대중 매체의 발달과 관련이 있습니다. 프랑스 혁명 이전의 신문들은 마치 순대에 순대피를 넣듯이 기사를 넣으면 다시 수정할 수 없었고, 기계적으로 이전 기사들이 최근 기사들에 비해 높은 주목을 받지 못하게끔 구성되었습니다. 여러분이 경험하는 현재의 신문처럼 가장 중요한 기사를 헤드라인으로 뽑을 수 없었을 뿐만 아니라, 언론사의 가치나 이념과 연관되게 기사들을 편집할 수도 없었습니다. 프랑스 혁명 이후 대중 매체의 출현은 대중성을 무기로 대량 생산이 가능한 체계를 만들어 주었습니다. 물론 대중성이라는 것이 늘 그렇듯이, 자본에 종속되는 약점을 보이기도 합니다. 그러나 범죄 현장의 증거로 제시되는 사진 같은 것이 처음으로 신문 지면에 등장하면서 신문의 편집이 무엇보다 중요해졌습니다. 가장 중요한 헤드라인을 어떤 기사로 장식할지, 또 그 기사의 주목도는 어떻게 높일 것인지 등을 결정하는 주체의 식견이 중요하게 된 것입니다.

사실 칸트 이후의 공론장에서 사실이냐 가치냐의 이분법적 구분이 강력했고, 프랑스 혁명은 종교적 가치와 신념을 사적 견해로 치부하고 공론장에서 활동할 수 없도록 했습니다. 이에 대한 저의 공격의 주된 핵심은, 팩트들을 수집하고 검증하며 중요성에 따라 배열하고 조직화하는 과정에서 언론인의 가치관이 개입될 수밖에 없다는 데 있었습니다. 언론인의 이념, 도덕적 가치, 개성 등은 사실과 동떨어져 있지 않고, 오히려 그것들이 어우러져서 기사를 작성하는 것이기 때문입니다. 즉 누구나 객관적으로나 중립적으로만 사실을 바라보지 않기에, 기독교 언론이라고 해서 공론장에서 사라져야 할 이유는 없다는 것입니다.

오히려 사실과 가치가 어우러진 기사들을 통해 다양한 언론이 경쟁해야 합니다. 언론인은 사실 확인과 같은 기본적인 것도 해야 하지만, 특정 정파에 속해 있을지라도 그 정파적 가치관과 신념으로 독자들을 일깨우는 역할도 해야 합니다. 진보, 자유, 관용, 노동, 경제 등 각자가 가장 소중하다고 생각하는 가치를 위해 글을 쓰고 설득하는 것이 너무나 중요한데, 이런 역할에 최적화된 사람이 바로 저였습니다.[6] 그러므로 기독교 저널리즘은 당대의 칼뱅주의자들이 다양한 공적 영역, 특히 정치 영역에 참여할 수 있도록 동기를 부여하는 데 탁월한 플랫폼이 됩니다.

사랑하는 한국 교회 성도 여러분, 저는 종종 "열 개의 머리와 백 개의 손을 가진" 괴물같이 묘사되곤 하는데, 그런 모습은 네덜란드의 공적 영역들에서 기독교 세계관에 기반을 둔 사회 관계망을 형성하고 조직화할 때 가장 잘 드러났습니다. 앞에서 언급한 기독교 저널리즘을 통해 "성경이 있는" 기독교 학교(school with Bible), 추후 기독 민주당으로 발전한 반혁명당, 추후 기독교 노조(Christelijk Nationaal Vakverbond)로 발전한 칼뱅주의 노조(NWV Patrimonium), 네덜란드 기독교 라디오 연합(Nederlandse Christelijke Radio Vereniging)과 기독교 방송(Evangelische Omroep), 기독교 실업인 모임(Nederlands Christelijk Werkgeversverbond), 기독교 대학인 자유 대학교, 기독교 병원, 그리고 심지어 기독교 스포츠 클럽과 레크리에이션 클럽에 이르는 하나의 구분된 기독교 하위문화를 형성했습니다.

이런 기독교 하위문화의 영향을 받아 자라는 아이는 기독교 초·중·고등학교를 거쳐 기독교 대학을 졸업합니다. 직장을 가지면 기독교 노조나 기독교 실업인 모임에 가입합니다. 기독교 방송을 시청하고, 기독교 라디오를 청취합니다. 기독교 신문을 읽고, 기독교 정당에 가입하기도 합니다. 아프면 기독교 병원을 가며, 기독교 레크리에이션과 기독교 스포츠 클럽을 애용하기도 합니다. 삶의 모든 영역에서 기독교 세계관에 근거해 살아갈 수 있게 될 뿐만 아니라, 구체적 삶의 각 영역에서 동일한 세계관을 가진 사람들끼리 관계를 맺는 일이 가능해집니다. 요람에서 무덤까지 기독교 하위문화에서 평생을 살아갈 수 있는데, 심한 경우 다른 세계관에 근거해 살아가는 사람들과 전혀 접촉하지 않을 수도 있습니다.

이런 분리된(segregational) 문화에서 살아가는 사람들은 종종 사회 전체와 동떨어져 자체적으로 공유하는 신념을 선으로, 외부의 것들을 악으로 규정하는 경향이 있을 뿐만 아니라, 더욱이 사회 전체의 공공선에 기여할 수 없습니다. 그러나 네덜란드에서 기독교적으로 분리된 하위문화를 형성한 것은 내부 결속뿐만 아니라 네덜란드의 협의적 민주주의 발전에 공헌하게 됩니다.

【함께 생각해 볼 문제들】

1. 현재의 한국 기독교 언론(신문, 방송, 인터넷 매체 등)이 팩트에 충실하면서도 기독교적 가치를 잘 드러내고 있다고 생각하는가? 한국 기독교 언론의 발전을 위해 한국 교회가 할 수 있는 일은 무엇인가?

2. 한국 교회가 공적 영역에서 영향력 있는 기독교 사회 관계망을 잘 형성하지 못하는 이유는 무엇인가? 개별 교회가 지역 사회에 선한 영향력을 끼치기 위해 생성할 수 있는 기독교 사회 관계망은 무엇일지 논의해 보라.

15장 _ 분화와 협의적 민주주의

탁월한 이론가들 가운데 식견에 비해 실행력이 떨어지는 경우가 많고, 철저한 운동가들 가운데 실천에 비해 비전이 빈약할 때가 많다고, 사람들은 대개 말합니다. 그러나 역사가 조지 하링크(George Harinck)의 주장처럼, 제가 다른 공공신학자들과 차별화되는 이유는 제가 가진 정치 사회적 비전이 구체적으로 네덜란드 사회에 실현되었기 때문입니다. "카이퍼는 단지 사회적 사상가일 뿐만 아니라, 네덜란드의 그 어느 누구보다도 네덜란드를 변화시킨 인물이다."[1]

무엇보다 저는 철저한 이념, 지향, 혹은 세계관에 따른 네덜란드식 정치 문화의 형성에 기여했습니다. 개혁파 세계관에 기반을 둔 교육 선택의 자유를 위한 투쟁은 개혁파 대중을 위한 하위문화 형성으로 이어졌습니다. 이는 개혁파 대중이 더 이상 공론장에서 소외될 이유가 없으며, 오히려 사회의 가장 밑바닥에 있는 그들도 기꺼이 공적 영역에 참여해 네덜란드 사회에 빛과 소금의 역할을 감당할 수 있음을 의미합니다. 물론 앞에서도 잠시 언급했지만, 다른 세계관들(예를 들어 로마 가톨릭, 사회주의, 진보적 자유주의)에 기반을 둔 문화와 철저히 분리된 상황에서 개혁파 대중은 자신의 세계관과 다른 세계관을 이분법적 시각으로, 즉 선과 악의 문제로 보는 경향이 있을 수 있습니다. 또한 다른 세계관과 비교해 개혁파 세계관 자체에 대한 우월감을 가지면서 오만한 자세를 취할 수 있습니다.

그러나 비교 정치학자 아런트 레이파르트(Arend Lijphart)의 다수제-합의제 분류(Majoritarian-Consensus Government Model)에 따르면, 이런 이분법적 사고와 우월감 및 오만한 태도는 양당제가 발달한 나라들, 특히 다수의 표를 얻은 정당이 권력을 차지하는 다수제 모델에서 더욱 심각합니다. 한국 성도 여러분, 한국에서 소선거구제로 인해 양대 정당이 민의에 비해 더 많은 의석을 획득한다는 점을 잘 아실 것입니다. 비록 비례 대표제를 통해 이를 보완한다고 해도, 실제 의석수로 반영되지 못하는 유권자 표의 불비례성이 한국(21.97%)만큼 높은 나라도 없다고 합니다. 그러나 합의제 모델을 채택하는 네덜란드(1.08%)의 경우 이 불비례성이 한국과 거의 20배 차이가 나고, 미국(13.35%)과 일본(10.50%)과는 거의 10배 차이가 납니다. 물론 합의제 모델을 채택하는 유럽의 몇몇 국가들의 경우(대표적으로 독일), 민의에 따른 의석수의 철저한 분배에도 불구하고 연정 내 갈등과 해체에 따른 권력의 불안정성 문제가 대두됩니다. 즉 다수제는 권력의 안정성에서, 합의제는 민의에 따른 의석수 분배에서 장점이 있고, 반대의 경우에 단점이 있습니다. 그런데 레이파르트의 기념비적 저술인 『조정의 정치학: 네덜란드의 다원주의와 민주주의』(*The Politics of Accommodation: Pluralism and Democracy in the Netherlands*)에 따르면, 네덜란드 정치는 민의에 따른 철저한 의석수 분배뿐만 아니라 권력의 안정성이라는 두 마리 토끼를 동시에 잡는데, 그 비결은 바로 네덜란드 특유의 분화된 다원주의와 협의적 민주주의에 있습니다.

제가 개혁파 세계관에 기초해서 일종의 개신교 하위문화라는 하나의 기둥을 세운 것처럼 로마 가톨릭, 사회주의, 진보적 자유주의가 각각의 세계관에 기반을 두고 각각의 하위문화를 형성하면서, 네덜란드 정치 구조의 건물은 네 개의 이데올로기적 기둥들(zuilen)로 지탱됩니다. 네덜란드의 이데올로기 그룹들은 (그것이 개신교이든, 가톨릭이든, 사회주의이든, 자유주의이든) 각각의 정당, 방송, 신문, (자유주의 그룹에는 없는) 노조, (사회주의 그룹에는 없는) 실업인 모임, 학교, 대학, 병원, 스포츠 클럽 등을 조직하고, 그런 하위 그룹을 통해 동질적이면서 다른 그룹과 분리된 공동체 생활을 합니다. 이렇게 네덜란드 정치 사회는 이념과 원칙을 따라서 수직적으로 분화되는 다원주의의 형태를 취합니다.

네덜란드에서 누리는 자유와 관용은 이 분화의 원리와 연관이 있어서, 개인의 자유뿐만 아니라 하위 그룹의 자유로 최대한 확대되어 나타납니다. 1983년에 수정된 네덜란드 헌법 제6조 1항에 따르면, "모든 사람은 개인적으로나 혹은 공동체적으로 자신의 종교 혹은 신념을 자유롭게 드러낼 수 있는 권리를 가진다"고

명시합니다. 첫째, 이 조항에서 신념이라고 명기한 이유는 그것이 종교적 신앙뿐만 아니라 세속적 신앙을 포괄하기 때문입니다. 종교적이든 세속적이든 삶의 확신과 세계관은 다원적이어서, 종교적 확신도 세속적 신념과 더불어 동등한 대우와 존중을 받아야 함을 보여 줍니다. 둘째, 개별적 권리뿐만 아니라 공동체나 그룹의 일원으로서 행할 수 있는 권리도 규정된 점은 이 조항이 네덜란드 하위문화에 기반을 두고 있다는 점을, 즉 분화된 다원주의가 헌법 가치에 녹아 있음을 보여 줍니다. 가령 동성애 문제에서도, 종교적 그룹에 속한 한 일원이 동성애를 반대하는 신념을 펼쳤다면, 그것은 혐오의 표현이 아니라 종교적 하위문화에 기반을 둔 신념을 표출하는 자유에 속합니다. 특히 이 종교적 그룹이 소수일 경우, 이 신념을 표출할 자유는 공론장에서 소수 그룹의 목소리를 보호할 뿐만 아니라, 적극적으로 그 사회에서의 공적 역할을 인정합니다. 물론 정치와 종교가 분리된 다른 국가들처럼, 네덜란드에도 특정 종교에 대한 특별 대우는 없습니다. 그러나 네덜란드는 세속적이든 종교적이든 어떤 특정 그룹이 받는 유무형의 국가적 지원을 모든 그룹이 받아야 함을 강조함으로써, 소수 그룹이 실질적으로 존재하고 사회적·공적 역할을 수행할 수 있도록 돕습니다.

바로 이런 헌법적 가치가 보여 주는 사고방식이 제가 주장했던 세계관에 따른 교육 선택의 자유에서 왔습니다. 즉 1917년에 범주화된 네 그룹이, 기준을 충족하는 모든 학교에 대한 국가적 지원에 합의하게 된 것입니다(Pacification of 1917).• 현재 네덜란드에서 가장 소수인 이슬람 하위문화에 속한 무슬림 이민자들도 이런 보호를 받고 있는데, 대표적인 것이 이슬람 세계관에 기반을 둔 사립학교입니다. 유럽에서 인구 대비 가장 많은 이슬람 학교가 네덜란드에 있습니다. 물론 이런 네덜란드의 사회적 합의에 전혀 도달하지 못하는 극단적 무슬림의 폭력이나 테러 용인으로 인해, 종교적 자유의 관용이 지속될 수 있는지에 대해 의문이 제기되기도 합니다.

하여튼 네덜란드 사회에서는 개인의 신념에 따라 누리는 자유뿐만 아니라, 어떤 세계관에 기반을 둔 그룹의 일원으로서 행할 수 있는 폭 넓은 자유에 대해서도 관용이 이루어집니다. 타인 혹은 다른 그룹이나 공동체의 일원으로 누리는 자유에 대해 왈가왈부하지 않으며, 누구라도 자신의 신념을 따라 자유를 누리며 살 수 있습니다. 이렇게 (정부를 포함하는) 타자의 간섭을 최소화하는 것을 배경으로 할 때, 마약과 매춘에 대한 개개인의 자유, 어떤 하위문화에서 성인 방송을 상영할 자유, 국왕이나 정치인에 대한 모든 풍자가 가능한 언론의 자유 등을 이해할 수 있습니다. 다시 한번 말하자면, 자유의 미래를 보려거든 네덜란드를 주목하시기 바랍니다.

• Wendy Naylor, "Afterword: Faith, Finance, and Freedom", in *On Education*, Abraham Kuyper Collected Works in Public Theology, ed. Wendy Naylor and Harry Van Dyke (Bellingham, WA: Lexham Press, 2019), p. 361. 1917년에 합의된 모든 학교에 대한 국가적 지원과 관련해, 카이퍼는 반혁명당의 교육 원칙이 국가 정책에 반영되었음을 강조하면서 다음과 같이 말했다. "독립 학교가 헌법적 규범이며, 공립학교는 이에 대한 보완으로서 존재한다."

한국 교회 성도 여러분, 이쯤 되면 한 가지 질문이 생길 수 있습니다. 자유가 이렇게 극대화되면, 과연 사회가 안정적으로 기능할 수 있겠는가 하고 말입니다. 더욱이 소수 그룹의 자유를 지나치게 관용하다 보면 소수 정파의 목소리를 실제 정책에서 과장해서 반영할 여지가 있고, 소수 정파의 이념적 입장에 따라 정책이 사회 전체의 이해와 유리할 수도 있다는 점 등이 문제로 지적될 수 있습니다. 그래서 사회가 더욱 혼란스러워지고, 정치적 안정은 요원하다는 결론에 도달할 수 있습니다. 그러나 레이파르트가 잘 보여 주었듯이, 네덜란드 정치가 안정적일 수 있었던 배경에는 다양한 이데올로기 그룹들의 리더십이 있습니다. 따로 분리되어 있던 네 개의 하위 그룹들이 자칫 파편화되어 네덜란드 정치 사회에 부정적으로 작용할 수 있었는데, 그 하위 그룹들의 리더십이 네덜란드 사회의 공공선을 위해 자신들의 이익이나 입장을 적절하게 맞추는 조정의 정치를 발휘했다는 것입니다.

예를 들어 제 자신의 경우에도, 개혁파 세계관에 기반을 둔 기독교 교육 운동을 통해 수많은 개신교 학교들이 생기면서 개신교 전체의 이익을 도모했습니다. 또한 거기서 더 나아가, 세속적 공립 교육에 반대하면서 각각의 종교적 세계관에 기반을 둔 교육 운동을 펼치는 일에 궤를 같이하는 로마 가톨릭 정당과 연합해서 기독교 정당 연합을 구성했습니다. 기독교 노조를 구성하고 노조의 이익을 대변하는 일에서는 사회주의 정당과 연계했습니다. 기독교 실업인 모임을 구성하고 이들의 입장을 대변하는 일에는 자유주의 그룹과 연대했습니다. 반종교적 가치에 대항해서 로마 가톨릭과 함께하며, 반사회주의 가치에 대항해서 로마 가톨릭 정당 및 자유주의 정당과 함께하며, 반대중적 가치에 대항해서 로마 가톨릭 정당 및 사회주의 정당과 함께합니다. 개혁파 세계관에 따른 교육의 자유를 얻기 위해 개혁파 대중의 선거권 확대가 필요했는데, 이를 위해서는 대중의 선거권 확대를 현행 질서의 위기로 여기는 보수적 기득권에 대항해야 하고, 진보적 자유주의자들 및 사회주의자들과 반드시 연대해야 합니다.

그러나 이런 연대는 개혁파 자체의 원칙을 훼손하는 것이 아니라, 그 원칙의 실현을 위한 전략적 연대입니다. 각 그룹의 이익이나 입장을 서로 맞추어 가야 하는 상황에서는 자신의 세계관과 다른 세계관을 무시한다거나 개혁파 세계관 자체에 대한 우월감을 가지는 오만한 태도가 불가능합니다. 소수 의견까지 포괄하는 최대한 넓은 지지를 획득하기 위해 타협적 태도가 필요합니다. 레이파르트 학파의 진단에 따르면, 각 그룹의 절대적 신뢰를 받는 리더십들이 이런 식으로 네덜란드 사회 전체의 공공선을 도모했기에 네덜란드 특유의 협의적 민주주의가 가능했습니다.

【함께 생각해 볼 문제들】

1. 네덜란드 정치 사회가 이념과 원칙을 따라 수직적으로 분화되는 다원주의의 형태로 발전하면서 양심의 자유와 관용이 극대화될 수 있었다면 (네덜란드 헌법 6조), 한국 사회의 자유와 관용을 증진시키기 위해서는 어떤 정치 개혁이 이루어져야 할까? 민의를 왜곡하고 사회의 양극화를

가중하는 미국과 한국의 양당제를 극복하기 위한 대안은 무엇일까?

2. 국가의 공공선을 위해 각 정파의 이익이나 입장을 타협하는 정치적 리더십에 대해 평가해 보라. 한 개인의 정치적 입장을 성경적 대안이나 하나님의 뜻으로 확대하고 포장하는 경향이 있는 현재의 상황에서, 카이퍼의 타협적 정치가 가진 장단점을 평가해 보라.

5부 오늘날, 한국 사회에서, 그리스도인으로 산다는 것

16장_세속 시대를 살아가는 한국 그리스도인들을 위한 진짜 공공신학 [1]

한국 교회 성도 여러분, 여러분이 너무나 사랑하고 존경하는 팀 켈러(Tim Keller) 목사가 2023년 5월 19일에, 향년 72세로 이 세상을 떠나 천국에 입성했습니다. 그는 미국 세속 문화의 중심인 뉴욕에 리디머 장로교회(Redeemer Presbyterian Church)를 개척해서 성장시켰고, 개혁파 신학을 공적 영역에 적용하는 데 그 누구보다도 앞장섰습니다. 이런 "개혁파 신학과 공적 증언에서의 탁월함"을 인정해서 프린스턴 신학교의 아브라함 카이퍼 공공신학 센터(Abraham Kuyper Center for Public Theology)가 2017년에 카이퍼 상(Kuyper Prize) 수상자로 켈러 목사를 선정했던 기억이 납니다.• 이 상은 니콜라스 월터스토프, 앨빈 플랜팅가, 리처드 마우 등도 받은 바 있습니다.

• 이 상의 정식 명칭은 "개혁파 신학과 공적 증언에서의 탁월함에 대한 아브라함 카이퍼 상"(Abraham Kuyper Prize for Excellence in Reformed Theology and Public Witness)이다.

켈러 목사의 공공신학에 대해 궁금하신 분들을 위해 저는 그의 책 『답이 되는 기독교』(*Making Sense of God*, 두란노)를 추천합니다. 이 책에서 켈러 목사는 현대인들이 고심하는 다양한 주제들, 즉 삶의 의미, 행복, 자유, 정체성, 소망, 도덕, 정의 등을 다룹니다.[2] 그는 이런 공적 이슈들과 관련해 세속주의 관점과 초월적 신을 인정하는 관점을 비교하고 대조하면서, 세속주의보다 기독교 신앙 체계가 더 합리적이라는 점을 잘 보여 줍니다. 가령 정체성 이슈의 경우, 세속주의 정체성 이론은 미국식 "정치적 올바름"(political correctness)이 보여 주듯이 자신의 정체성을 위해 타자를 배제하는 방향으로 움직이는 데 반해, 기독교의 정체성 이해에서는 타자에 대한 배제가 필요하지 않다는 것이 그의 주장입니다. 왜냐하면 기독교 정체성의 근거에는 하나님의 사랑이 있기 때문입니다.[3]

물론 여기서 켈러 목사는 역사적으로 기독교가 타자를 배제한 적이 전혀 없다고 주장하는 것이 아니라, 복음의 메시지 자체에 배제와 우월감의 요소가 전혀 없음을 강조한 것입니다. 이런 식으로 켈러 목사는 신자들뿐만 아니라 모든 사람이 논리적이고 이성적으로 접근할 수 있는 이슈들을 다루면서, 기독교 신앙의 공적 합리성(public rationality)을 제시합니다. 이는 신앙고백이나 특정 교리에 대한 신앙을 넘어서 공론장에서 합리적 논증이나 증거에 의해 행하는 것으로, 일종의 공공신학이라고 볼 수 있습니다.[4]

이 책은 실제로 격주로 비신자들을 초대해서 대화하면서 경험한 것들을 바탕으로 하는데, 이는 그가 탈기독교 사회에서 복음을 전파하는 것을 몸소 실천했음을 보여 줍니다. 더욱이 켈러 목사의 마지막 유고인 "포치에서 나누는 레몬에이드 한 잔: 탈기독교 사회에서 복음 전하기"를 보면, 그가 인생의 말년까지 천착하던 주제는 어떻게 교회가 세속 시대에 계속해서 복음을 전파할 수 있을까 하는 것이었음을 알 수 있습니다. 그런데 여러분, 켈러 목사의 마지막 유언과도 같은 그 원고에서 그가 제 책 『왕을 위하여』(*Pro Rege*)를 언급했다는 사실을 혹시 아십니까?[5] 켈러는 세속 시대에 특별 은혜인 복음을 전파하기 위해 일종의 포치(미국식 주택에서 볼 수 있는, 현관 옆에 있어서 외부와 공유할 수 있는 공간-편집자)가 필요하다는 것을 말하고, 저를 인용하면서 일반 은혜를 강조했습니다.[6]

초자연적 혹은 초월적 측면을 아예 부정하는 세속적 관점이 학계와 예술계의 지성인들뿐만 아니라 대중 가운데서도 유행하면서 탈기독교 사회에서 세상의 길과 접촉할 수 있는 공간이 사라진 상황에서, 켈러 목사는 교회가 어떻게 그 공간으로 상징되는 일반 은혜 교리를 잘 활용할 것인지를 다룹니다. 하나님이 모든 인간 안에 심어 놓으신 질문들, 가령 의미의 추구, 참된 사랑에 대한 갈망 등은 세속 시대를 살아가는 현대인들의 공통된 관심사이기도 하기 때문입니다. 교회는 그런 고민에 대한 기독교적 대안을 제공함으로써 세상과의 접촉점을 만들어 가야 한다는 것입니다.

세속 시대의 출현

여러분이 살아가고 있는 이 세상은 더 이상 기독교 사회가 아닙니다. 기독교 문화가 융성했던 유럽이나 미국뿐만 아니라, 한국 사회도 마찬가지입니다.[7] 도대체 세속 시대가 무엇이기에 여러분이 관심을 가져야 할까요? 세속 시대는 사회적 상상력이 초월적 혹은 초자연적 세계관이 아닌 내재적 프레임(immanent frame)으로 삶의 의미와 목적을 충분히 발견하는 시대입니다. 물론 현대 사회에서 내재적 프레임이 보편적일지라도, 초자연적 세계관이나 그 신념 체계가 없어지는 것은 아닙니다. 누군가는 하나님을 믿을지라도, 혹은 어디에서는 종교적 부흥이 일어날지라도, 현대 사회가 무의식적으로 받아들이는 보편적 전제 혹은 규범은 내재적 프레임이라는 것입니다.[8]

한국 교회 성도 여러분, 세속 시대는 중세 기독교 국가 같은 신앙의 시대에서 세속주의로 대변되는 불신앙의 시대로 넘어갔음을 말하지 않습니다. 세속 시대의 주된 강조점은 "믿음의 조건", 즉 무엇이 믿을 만한지에 대한 타당성의 조건이 변화되었다는 데 있습니다. 다시 말해, 믿음의 대상이 변화되었다는 것이 아니라, 무엇이 믿을 만한지에 대한 전제가 바뀌었다는 것입니다. 기독교 국가에서 전혀 상상할 수 없던 배타적 인문주의(exclusive humanism, 인간의 번영 외에는 어떤 궁극적 목적도 받아들이지 않거나 이런 번영을 넘어 어떤 것도 추구하지 않는 것)도 세속 시대에는 여러분이 쉽게 선택할 수 있고, 심지어 대세를 이루는 측면이 있습니다.[9] 여러분이 살아가는 세속 시대는 배타적 인문주의도 포함하는 모든 궁극적 신념이 경쟁하는 다원성(plurality)의 시대입니다.

세속 시대의 종교는 초자연적 실재에 대한 믿음으로만 환원될 수 없고, 인간의 삶을 변화시킬 수만 있다면 무엇이든지 종교가 될 수 있습니다. 쉽게 말해, 종교는 나를 변화시킬 수 있는 삶의 방식입니다. 또한 세속 시대의 종교는 선택 기준이 자신에게 달려 있으므로, 표현적 개인주의(expressive individualism, 우리 개개인이 자신만의 방식으로 자신의 인간성을 실현할 수 있으며, 우리 외부에서 우리에게 부여한 모델이 아닌 우리 자신의 방식을 발견하고 그에 따라 살아가는 것이 중요하다고 보는 입장)가 득세하게 됩니다.[10] 여러분의 세대는 각자의 인간성을 실현하는 자기만의 방식을 발견하고 그 방식을 따라 살아가는 것이 너무나 중요한 세대입니다.[11] 이런 표현적 개인주의의 사회적 상상력이 지배하는 시대를 "진정성의 시대"(Age of Authenticity)라고 하는데, 여기서 중요한 가치는 선택의 자유이며 그 자유에 대한 관용입니다.[12]

한국 교회도 세속 시대에 진입하고 있다는 소문이 무성합니다. 물론 이전 세대의 목회자와 교인들의 경험에는 이런 세속 시대가 와닿지 않을 수 있지만, 젊은 세대는 이 시대의 사회적 상상력이 얼마나 진정성을 강조하는지 깨닫지 않을 수 없습니다. 가령 MZ 세대가 얼마나 자신만의 선택을 중시하는지, 그 선택에 대해 선배 세대가 이렇게 저렇게 훈수를 들 때 발생하는 꼰대 이미지 등을 생각해 보시기 바랍니다. 한국에서도 페미니즘 이슈나 성 소수자(LGBTQ)의 성 정체성 논란이 지속적으로 대두되고 있습니다.

특히 한국 교회는 동성애자들을 혐오하는 집단으로 여겨지면서, 진정성의 시대에 자유를 침해하고 관용하지 못하는 집단으로 매도되고 있습니다. 역설적이게도, 모든 것이 관용의 대상이지만 성 문제에 대한 기독교의 불관용만큼은 그렇지 않습니다.

그뿐 아니라, 한국 사회도 인간의 번영만 추구하는 프레임에 갇혀 있다고 할 수 있습니다. 서구 사회의 학문 세계처럼, 한국 사회 전반에 초월적 세계관이 개입할 여지는 거의 없습니다. 배타적 인문주의도 사회 곳곳에서 모습을 드러내며, 특히 대중문화에서 종교 활동, 특히 기독교의 이미지는 조롱과 조소를 불러일으킵니다. 넷플릭스 드라마 〈수리남〉을 보면 목사와 마약상은 피차일반입니다. 인간의 종교적·영적 본성은 기존의 제도적 종교가 아닌 다양한 저급한 영적 활동에서 드러납니다. 무속 신앙이 삶의 방식을 변화시키고 사회 각 분야에서 강력한 영향력을 발휘합니다. 무당과 박수의 유튜브 채널이나 다양한 SNS 활동이 기독교 교리를 설명하는 신학자나 목회자의 설교보다 훨씬 인기가 좋습니다.

세속 시대의 공공신학

이런 세속 시대를 맞이하는 한국 교회는 무엇을 준비해야 합니까? 특별히 공공신학의 입장에서 살펴본다면, 세속화된 한국 사회를 어떻게 변화시킬 것입니까? 제가 주구장창 언급한 것처럼 삶의 모든 영역에서 하나님의 주권을 드러낸다는 것은 어쩌면 전혀 불가능한 명제가 아닙니까? 이런 질문에 답하기 위해 공공신학에 대해 간략하게 말씀드릴 필요가 있을 것 같습니다.

대체로 최근의 공공신학은 세 가지로 분류 가능합니다.[13] 먼저, 첫째 범주의 공공신학은 데이비드 트레이시(David Tracy)와 리넬 캐디(Linell E. Cady)가 대표적으로 주장한 것으로, 그들은 공공신학이 신학적 진술 혹은 논증을 합리적 기반 위에서 서술하는 것이라고 간주합니다. 여기서 공공(public)이라는 용어는 모든 합리적 인간에게 열려(open) 있다는 의미입니다.[14] 둘째 범주의 공공신학은 로널드 시먼과 맥스 스택하우스가 대표적으로 주장한 것으로, 그들은 공공신학이 정치, 경제, 학문, 예술 등의 공적 영역에 참여할 수 있는 신학적 근거를 제시한다고 여깁니다.[15] 셋째 범주의 공공신학은 데이비드 홀렌바흐(David Hollenbach)나 로버트 벤(Robert Benne)이 대표적으로 주장한 것으로, 이런 공공신학은 공적 상황과 이슈들(예를 들어 성, 인종, 계급, 경제적 착취, 교육 등)을 윤리적 가치 판단을 가지고 철학적으로나 문화 분석적으로, 혹은 예언자적 방식으로 진단하고 대안을 제시합니다.[16]

한국 교회 성도 여러분, 여러분이 살아가는 세속 시대에도 이런 세 가지 공공신학은 다 필요하지만, 세속 시대에 더 적합하거나 강조될 필요가 있는 공공신학은 있습니다. 가령 제가 살았던 시대에는 기독교가 공론장 혹은 공적 영역에서 소외되고 주변화되었는데, 이럴 때는 무엇보다 둘째 범주의 공공신학이 필요했습니다. 세속주의 때문에 공적 영역을 포기하고 경건한 신앙만 추구한 것이 아니라, 적극적으로 정치 영역에서 정의를, 학문 영역에서 진리를, 예술 영역에서 아름다움을 추구함으로써 하나님의 주권을 드러내는 것이 매우 중요했습니다. 그러나 다원적 네덜란드 사회와 달리, 분단이라는 특수 상황에 처해 있고 정치적으로 갈등이 심각한 한국 사회에서 둘째 범주의 공공신학은 공적 영역에 참여하는 순간 그 자체로 하나의 이데올로기로 변질될 위험이 있습니다. 특히 이런 범주의 공공신학이 정치 영역에서 성공한다면 더 심각한 오해를 불러일으키기 쉽습니다. 제리 폴웰의 "도덕적 다수"나 한국의 뉴라이트 운동은 정치적 이념에 기독교적 가치를 종속시키는 오류를 범하기도 합니다.[17]

앞에서 언급한 것처럼 켈러 목사가 대표적 세속 도시인 뉴욕에서 목회했다는 점은 세속 시대의 한국교회에도 시사하는 바가 큽니다. 켈러 목사의 『답이 되는 기독교』에는 첫째 범주와 셋째 범주의 공공신학이 다 있기 때문입니다. 먼저 그는 공적 이슈들에 대한 기독교적 대안들을 제시하면서 셋째 범주의 공공신학을 보여 주고, 그 이슈들을 설명하는 방식에서 신자들만 이해할 수 있는 게토화된 신앙의 언어가 아니라 비신자들도 이해할 수 있는 합리적이며 논리적인 방식을 채택하면서 첫째 범주의 공공신학을 보여 줍니다. 특히 첫째 범주의 공공신학이 어느 때보다 필요한데, 공론장에 참여할 때 보편적 합리성이 필요하다는 것은 그 누구도 바꿀 수 없는 역사적 흐름이기 때문입니다. 전광훈 목사나 태극기 부대로 상징되는 한국 교회의 공론장 참여 방식은 무엇보다 보편적 합리성이나 상식이 필요함을 보여 줍니다.[18]

한국 교회 성도 여러분, 여기서 말하는 보편적 합리성을 계몽주의적 혹은 가치중립적 합리성으로 오해하지는 마십시오. 한국의 개혁파 혹은 복음주의 신학자들에게 합리성이라는 단어는 금기시되곤 하는데, 합리성이 신학적 자유주의의 대명사로 치부되기 때문입니다. 그러나 공공신학이나 공론장 혹은 공적 영역에서 합리성은 토론을 가능하게 만드는 열린 태도 혹은 일종의 규칙에 가깝습니다. 팀 켈러 목사가 탈기독교 사회에서 복음에 기반을 둔 환대를 강조한 것처럼, 다양한 세계관이 믿을 만한 타당성 구조를 놓고 경쟁하는 세속 시대에 필요한 공공신학은 누구와도 대화할 수 있고 내재적 프레임과도 경쟁할 수 있도록 합리적 접근 방식을 발전시켜야 합니다.

그러나 세속 시대에 필요한 것은 앞의 세 가지 공공신학을 체화한 교회 공동체 그 자체입니다. 무엇보다 진정성의 윤리가 실현되는 현장이 있어야 합니다. 기독교 공공신학이 공적 영역 혹은 공론장에 참여할 수 있는 근거와 대안을 아무리 합리적으로 제시한다고 해도, 그 신학의 생명은 실질적으로 삶의 방식을 변혁시키는 것에 달려 있습니다. 기독교 세계관이 실질적 삶의 충만함을 제공하기 위해서는 그 세계관 혹은 신념 체계를 살아 내는 공동체가 있어야 합니다. 특히 틱톡, 인스타그램, 유튜브가 일상화된 문화에서 논리적 변증 자체는 힘을 잃어 갑니다. 여러분에게 필요한 것은 모든 생각과 모든 사회적 상상력을 그리스도께 사로잡히도록 만들기 위해 공공성이 체화된 공동체입니다. 하나님의 통치는 이 세상에 드러나기에 앞서 하나님 나라의 공동체인 교회에서 먼저 실현되어야 합니다. 세상을 위한 교회로의 부르심에 한국 교회가 순종하기를 기도합니다.

나가는 말

제가 20년 전에 카이퍼의 이름을 처음으로 들었던 때처럼, 이 책의 원고를 마무리하던 2024년 봄의 대한민국은 총선 열기로 뜨거웠습니다. 물론 이 책은 카이퍼가 어느 정당을 지지할지에 대한 대답을 제공하지 않습니다. 그러나 여러분이 어느 후보를 찍든지, 진정한 카이퍼 신학에 근거하여 그렇게 할 수 있다면 좋겠습니다. 한국 사회에서 카이퍼의 활용이 총선에만 그치지 않을 것이기 때문입니다.

저는 이 책이 제목대로 "한국 교회를 위한" 책이기를 소망합니다. 지금 한국 교회에 카이퍼가 있었더라면, 한국 사회를 변화시키기 위해서 그는 어떤 노력을 기울일까요? 카이퍼라면 한국 교회를 위해 어떤 가르침을 제공할까요? 제 책이 바로 이런 질문들에 대한 대답을 고민하게 만들었기를 바랍니다.

특히 저는 이 책에서 한국에 잘못 소개되거나 오해된 카이퍼를 바로 잡으려고 노력했습니다. "삶의 모든 영역에 하나님의 주권"이 드러나야 한다는 카이퍼의 언급처럼 오해되고 남용되는 말도 없을 것입니다. 카이퍼를 오늘날 한 정파의 대변인이 되게 하거나 그의 정치적 성공만을 모방하는 방식으로 활용하는 것, 바로 이것이 한국에서 카이퍼를 사용하는 데 얼마나 카이퍼 당시의 배경에 대한 이해가 없는지를 보여 줍니다. 따라서 이 책은 카이퍼의 역사적 맥락과 사건을 자세하게 서술함으로써, 카이퍼 신학을 바르게 이해하면서도 우리 상황에 맞게 카이퍼를 사용한다는 것이 무엇인지 생각하게 합니다. 무엇보다 한국 교회의 공공성 회복을 위해, 구체적으로 아브라함 카이퍼라는 인물의 사상과 실천을 통해 지혜를 얻고자 했습니다.

이 책을 읽는 분들, 특히 공공신학이나 기독교 세계관에 관심이 있는 독자들이 성경적으로 균형 잡힌 교회와 세상의 관계를 정립할 수 있기를 바랍니다. 종종 교회는 악한 세상과의 단절을 추구하기도 하고, 악한 세상을 변혁시키기 위해 나서기도 합니다. 물론 이런저런 방식으로 거룩함이나 변혁을 추구하는 것 자체는 문제가 아닙니다. 하지만 교회는 절대선, 세상은 절대악이라는 이분법적 전제는 분명히 문제입니다. 네덜란드의 신학자이면서 정치가였던 헤르만 바빙크가 "세상 정치는 종종 더럽다. 교회 정치는 항상 더럽다"고 일갈한 것처럼, 세상만큼이나 교회도 죄악의 모습을 보이는 경우들이 많습니다. 오늘날 한국 교회에 대한 세상의 질책이 무섭습니다. 우리는 성경적 대안을 알고 있다고 그런 질책을 무시해야 할까요? 아니면 세상이 교회에 대해 진실을 말하고 있다고 여겨야 할까요? 들을 귀가 있는 자는 들어야 합니다!

이 책의 내용 대부분은 제가 미국에 있을 때, 그것도 박사과정에 있을 때 작성한 것이기에, 실제 한국 상황에서 카이퍼가 필요할까 하는 염려가 전혀 없었던 것은 아닙니다. 그러나 한국으로 돌아온 저와 제 가족의 경험에만 국한해도 카이퍼는 상당한 의미와 나아갈 방향을 제시합니다.

먼저 제 아이들의 경우, 홈스쿨링(실상은 홈슬리핑)을 하다가 드디어 2024년 봄 학기부터 기독교 대안 학교에 다니게 되었습니다. 그런데 비싼 등록금은 차치하더라도, 상당한 금액의 기부금을 입학금 명목으로 내야 합니다. 한국의 가난한 그리스도인 부모들은 자녀에게 기독교 세계관에 입각한 교육을 제공하고 싶어도 재정적 이유로 그럴 수 없는 것입니다. 만일 카이퍼가 지금 한국에 있었더라면, 바로 이 상황을 발 벗고 나서서 타개하려고 했을 것입니다. 비단 그리스도인 부모들뿐만 아니라, 한국 사회의 부모들 누구라도 자녀를 각자의 가치관에 따라 양육할 수 있는 실질적 자유가 있어야 합니다.

또한 저는 2024년 봄 학기부터 기독교 대학인 백석학원의 전임 교원으로 부름을 받았습니다. 실질적 세계관의 변화는 학문적 가르침을 넘어 인격 형성을 위한 예배에 달려 있다는 카이퍼주의의 가르침이 생명력 있게 실천되고 있는 곳이 백석대학교입니다. 백석대학교뿐만 아니라 한국의 기독교 대학과 기독교 대학 교수의 정체성과 관련해, 카이퍼가 기독교 세계관에 기반하여 대학을 세워 본 장본인으로서 할 말이 아마도 많았을 것입니다.

마지막으로, 한국이라는 다원주의 사회에서 카이퍼처럼 기독교 세계관에 기반하여 기독교 자체의 사회적 관계망을 형성하면서도 나라 전체의 공공선을 위해 기꺼이 조정의 정치력을 발휘할 필요가 있습니다. 그러나 한국 교회의 공적 참여가 정치 영역에서의 권력 추구가 목적이어서는 안 됩니다. 모든 영역에서 하나님의 주권이 드러나는 것은, 한국 교회가 정치적 영향력을 발휘할 때가 아니라, 오직 그리스도의 왕권 아래서 살아갈 때 가능합니다.

이 책을 통해 카이퍼가 독자 여러분에게 더욱 친근감 있게, 생동감 있게 다가갈 수 있다면, 저자로서 더 이상 바랄 것이 없겠습니다. 네덜란드 사회를 실질적으로 변화시켰던 아브라함 카이퍼의 신학과 실천을 살펴본 독자 여러분을 통해, 하나님께서 한국 교회의 공공성을 회복해 주시기를 기도합니다. 혹시나 교리적 순수함과 복음의 공공성을 양립 불가능한 것처럼 여기는 분들은 이 책을 통해 공공신학이 성경적이라는 것, 위기와 혼돈의 시대를 극복하게 한다는 것, 그리고 적극적으로 이 땅에서 하나님 나라 운동을 가능하게 한다는 것을 보실 수 있었기를 바랍니다.

무엇보다도 카이퍼의 공공신학이 현대의 세속 시대를 살아가는 한국 교회에 좋은 나침반을 제공하기를 소망합니다. 한국 기독교 세계관 운동 40주년을 맞이하는 2024년에, 이 책이 공공신학적 관점에서 기존의 기독교 세계관 운동을 해석하고 시대에 더 적합하게 업그레이드된 기독교 세계관 운동의 방향을 제시할 수 있었기를 바랍니다. 또한 정치나 학문, 예술 등의 공적 영역에 실제적으로 참여하는 독자 여러분을 통해 카이퍼의 공공신학이 한국에서도 구현되기를 기원합니다.

모든 저술이 늘 아쉬움이 남기 마련이지만, 첫 번째 책인지라

부족한 점이 매우 많습니다. 특히 이 책은 카이퍼의 창의적 교회론을 전혀 다루지 못했습니다. 팀 켈러가 인생의 끝자락까지 붙들었던 고민에 대한 나름의 해결책을 저는 카이퍼의 교회론, 일반 은혜와 특별 은혜에 대한 논의 등에서 찾을 수 있다고 믿습니다. 이 작업을 수년 내에 완성할 수 있기를 기도합니다. 왕을 위하여!

주

들어가는 말

1. 공공신학자로서의 헤르만 바빙크에 대해서 다음을 보라. Eundeuk Kim, "Herman Bavinck as a Public Theologian" (PhD diss., Calvin Theological Seminary, 2021).
2. James D. Bratt, *Abraham Kuyper: Modern Calvinist, Christian Democrat* (Grand Rapids: Eerdmans, 2013), pp. 87-100.
3. 빈센트 E. 바코트, 『아브라함 카이퍼의 공공신학과 성령』 (서울: SFC출판부, 2019).

1부 지금의 한국 교회가 아브라함 카이퍼에 주목해야 하는 이유

1장_ 왕을 위하여: 삶의 모든 영역을 그리스도의 주권 아래!

1. James D. Bratt, "Abraham Kuyper's Public Career", *Reformed Journal* 37, 10: pp. 9-12.
2. Arend Lijphart, *The Politics of Accommodation: Pluralism and Democracy in the Netherlands* (Berkeley, CA: University of California Press, 1975). 이 책은 카이퍼가 구축한 현대 네덜란드의 분화된 정치 사회 구성이 적어도 1960년대까지 지속되었음을 보여 준다.
3. Bratt, "Abraham Kuyper's Public Career", pp. 9-10.
4. John Bolt, "Abraham Kuyper", *The Routledge Companion to Modern Christian Thought*, eds. Chad Meister & James Beilby (London:

Routledge, 2013), pp. 86-87.
5. 제임스 데이비슨 헌터, 『기독교는 어떻게 세상을 변화시키는가: 포스트 모더니즘 시대 정치신학의 한계와 가능성』 (서울: 새물결플러스, 2014), p. 31.
6. 로드 드레허, 『베네딕트 옵션: 탈기독교 시대를 사는 그리스도인의 선택』 (서울: IVP, 2017).
7. Nicholas Wolterstorff, *Until Justice and Peace Embrace: The Kuyper Lectures for 1981 Delivered at the Free University of Amsterdam* (Grand Rapids: Eerdmans, 1983). 『정의와 평화가 입맞출 때까지』(IVP).
8. Abraham Kuyper, *Honey from the Rock: Daily Devotions from Young Kuyper*, trans. James De Jong (Bellingham, WA: Lexham Press, 2018).

2장_ 한국 교회의 공공성 회복: 미국식 칼뱅주의를 극복하려면

1. George Harinck, "A Triumphal Procession? The Reception of Kuyper in the USA (1900-1940)", *Kuyper Reconsidered: Aspects of His Life and Work*, eds. Cornelis van der Kooi & Jan de Bruijn (Amsterdam: VU Uitgeverij, 1999), p. 274.
2. "There is clearly no rosy future awaiting Calvinism in America." Herman Bavinck, *Reformed Dogmatics: Prolegomena*, Vol. 1, ed. John Bolt (Grand Rapids: Baker Academic, 2003), p. 204. 『개혁교의학 1』(부흥과개혁사).
3. George Harinck, "'Give Us an American Abraham Kuyper': Dutch Calvinist Reformed Responses to the Founding of the Westminster Theological Seminary in Philadelphia", *Calvin Theological Journal* 33 (1998): p. 301.
4. 1894년 3월 28일 보스가 친구 바빙크에게 보낸 편지에서 인용. 편지 전체를 다음에서 보라. Archive - H. Bavinck, Historical Documentationcenter for Dutch Protestantism (1800-present) of the Free University, Amsterdam (HDC).
5. Ernst Troeltsch, *The Social Teaching of the Christian Churches*, trans. Olive Wyon, 2 vols. (Louisville: Westminster/John Knox, 1992), pp. 334-340.
6. Harinck, "'Give Us an American Abraham Kuyper'", p. 309; Hepp, *De Reformatie*, 20 January 1928.

7. James D. Bratt, "Abraham Kuyper, J. Gresham Machen, and the Dynamics of Reformed Anti-Modernism", *The Journal of Presbyterian History*, Vol. 75, No. 4 (Winter 1997): p. 252.
8. "It does not matter if a Reformed Church is small, if only it is healthy and sparkling with life." 이 인용은 메이첸이 카이퍼의 『칼뱅주의 강연』 일부를 요약한 것이다. 원래 내용은 다음과 같다. "Albeit the churches reformed in bone and marrow may be small and few in numbers, as churches they will always prove indispensable for Calvinism; and here also the smallness of the seed need not disturb us, if only that seed be sound and whole, instinct with generative and irrepressible life." Kuyper, *Calvinism: Six Lectures Delivered in the Theological Seminary at Princeton* (New York: Fleming H. Revell Company, 1899). p. 268; 아브라함 카이퍼, 『칼빈주의 강연』(서울: CH북스, 2017).
9. 헤르만 바빙크, 『교회의 분열에 맞서: 기독교와 교회의 보편성에 대하여』 (서울: 도서출판100, 2017).

2부 진짜 기독교 세계관 이야기

3장__ 기독교 세계관: 위기와 혼돈의 시대를 극복하는 힘

1. "We pray God that he would give us an *American Abraham Kuyper*—a true Christian statesman..." 메이첸 교수가 흐레이다누스(S. Greijdanus)에게 보낸 1930년 11월 13일 편지에서 인용. 편지 전체를 다음에서 볼 수 있다. Archive-S. Greijdanus, *Archief- en Documentatiecentrum van de Gereformeerde Kerken*, Kampen (ADC).
2. Kuyper, *Lectures on Calvinism*, 123. 2장의 미주 8을 보라.
3. 김은득, "공공신학자로서 아브라함 카이퍼의 명암: 『칼빈주의 강연』을 중심으로", 「조직신학연구」 45 (2023): pp. 246-282.
4. 세계관의 개념과 역사에 대해 다음의 책을 보라. 데이비드 노글, 『세계관 그 개념의 역사』(서울: 도서출판 CUP, 2018).
5. Jose Casanova, *Public Religions in the Modern World* (Chicago: The University of Chicago Press, 1994), pp. 11-39.
6. Kuyper, *Calvinism*, pp. 5-7.
7. Abraham Kuyper, "Uniformity: The Curse of Modern Life (1869)",

Abraham Kuyper: A Centennial Reader, ed. James D. Bratt (Grand Rapids: Eerdmans, 2018), pp. 19-44.
8. Kuyper, *Calvinism*, p. 99.
9. 같은 책, p. 116.
10. 같은 책, pp. 98-142.
11. 같은 책, pp. 143-188, 189-230.
12. 로널드 시먼(Ronald Thiemann)은 공공신학을 "기독교 공동체가 살아가는 더 넓은 사회적·문화적 배경과 기독교적 가치와 신념들의 관계를 이해하려고 노력하는 신앙"으로 정의한다. Ronald Thiemann, *Constructing a Public Theology: The Church in a Pluralistic Culture* (Louisville: Westminster John Knox, 1991), p. 21; 맥스 스택하우스(Max L. Stackhouse)에 따르면, 그런 공공신학은 "공적 영역의 구조와 정책에 대해 구체적인 지침들을 제공하게 될 것이다." Max L. Stackhouse, *Public Theology and Political Economy: Christian Stewardship in Modern Society* (Grand Rapids: Eerdmans, 1987), p. xi.
13. George Harinck, "Herman Bavinck and the Neo-Calvinist Concept of the French Revolution", in N*eo-Calvinism and the French Revolution*, ed. James Eglinton & George Harinck (London: Bloomsbury, 2014). 조지 하링크에 따르면, 신칼뱅주의라는 단어는 당시 카이퍼와 경쟁한 현대 자유주의 신학자인 라이츠마(J. Reitsma)가 "새로운 경향의 칼뱅주의자들"(nieuwerwetsche calvinisten), "부활한 칼뱅주의자들"(herborene calvinisten), "현대적 칼뱅주의자들"(moderne calvinisten), "신칼뱅주의자"(neocalvinist)라고 부른 것이 최초다(1887년).

4장__ 신칼뱅주의 세계관: 도대체 칼뱅주의가 뭐길래?

1. 이 부분은 내가 2018년 미국 필라델피아 웨스트민스터 신학교가 개최한 세계 칼뱅 학회(International Congress on Calvin Research)에서 발제한 "공공신학을 위한 카이퍼의 칼뱅 전용"(Amsterdam Praised and Blamed Geneva: Kuyper's Appropriation of Calvin for his Public Theology)의 내용을 각색하고 수정한 것이다.
2. Herman Paul and Johan de Niet, "*Issus De Calvin*: Collective Memories of John Calvin in Dutch Neo-Calvinism", in *Sober, Strict, and Scriptural: Collective Memories of John Calvin, 1800-2000*, ed. Johan

de Niet (Leiden: E. J. Brill, 2014), p. 67.
3. Kuyper, *Calvinism*, p. 22.
4. J. van den Ende, *Michael Servet: een der vele slachtoffers van den ketterjager Kalvijn* (Amsterdam, 1891), pp. 31, 33, 44; A. van der Linde, *Michael Servet: een brandoffer der gereformeerde inquisitee* (Groningen, 1891), pp. 139, 160-162, 195, 208, 214, 222, 318.
5. Émile Doumergue, *Jean Calvin, Les hommes et les choses de son temps*, 7 vols. (Lausanne: Georges Bridel & C Editeurs, 1899-1927).
6. William P. Armstrong, ed., *Calvin and the Reformation: Four Studies by Emile Doumergue, August Lang, Herman Bavinck, and Benjamin B. Warfield* (Eugene, OR: Wipf and Stock, 2004).
7. Philip Schaff, "Tribute to the Memory of Calvin", *History of the Christian Church*, vol. 8, ch. 8, sect. 68 (Peabody, MA: Hendrickson Publishers, 2006).
8. Kuyper, *Calvinism*. pp. 1-45, 98-142, 143-188, 189-230.
9. Willem J. van Asselt, J. Martin Bac, and Roelf T. te Velde, *Reformed Thought on Freedom: The Concept of Free Choice in Early Modern Reformed Theology* (Grand Rapids: Baker Academic, 2010), p. 21.

5장_ 기독교 세계관이 한국 교회의 숨구멍이 되려면

1. 김나래, "세계관, 한국 교회의 숨구멍 될까", 「국민일보」, 2018년 11월 30일. https://www.themission.co.kr/news/articleView.html?idxno=3035.
2. David K. Naugle, *Worldview: The History of a Concept* (Grand Rapids: Eerdmans, 2002), pp. 6-25.
3. Abraham Kuyper, *On Education*, Collected Works in Public Theology, eds. Wendy Naylor and Harry van Dyke (Bellingham, WA: Lexham Press, 2019).
4. Herman Bavinck, *Reformed Dogmatics*, Vol. 1 (Grand Rapids: Baker Academics, 2003), p. 18. 존 볼트가 강조하는 신칼뱅주의의 핵심은 하나님의 은혜가 창조 세계를 회복한다는 삼위일체적 주제다. "은혜는 자연을 폐지하지 않고, 회복한다."
5. Herman Bavinck, "The Catholicity of Christianity and the Church", *Calvin Theological Journal* 27 (1992): p. 221; *De Katholiciteit van*

Christendom en Kerk: rede gehouden bij de overdracht van het rectoraat aan de Theol. School te Kampen op 18 December 1888 (Kampen: G. Ph. Zalsman, 1888).

6. 한국의 기독교 세계관 운동이 지성주의 경향을 가졌다는 나의 비판에 대해 캘빈 신학교의 강영안 교수는 나와 대화를 나누면서 이의를 제기한 바 있다. 한국에서 기독교 세계관 운동이 대중적으로 확산하지 못한 결정적 이유는 삶의 모든 영역에 그리스도의 주권을 드러내는 것보다 교회의 부흥과 전도에만 치중했던 당시 목회자들의 책임이 더욱 크다는 것이다.

7. Cornelious Van Til, "Bavinck the Theologian: A Review Article", *Westminster Theological Journal* 24 (1961): pp. 48-64; 같은 저자, "Common Grace 2", *Westminster Theological Journal* 8 no. 2 May (1946): pp. 166-200.

8. Herman Dooyeweerd, "Kuyper's Wetenschapsleer", *Philosophia Reformala* 4 (1939): pp. 193-232.

6장__ 한국 교회를 위한 기독교 세계관

1. James K. A. Smith, *Desiring the Kingdom: Worship, Worldview, and Cultural Formation* (Grand Rapids: Baker Academic, 2009), 『하나님 나라를 욕망하라』(IVP); 같은 저자, *Imagining the Kingdom: How Worship Works* (Grand Rapids: Baker Academic, 2013), 『하나님 나라를 상상하라』(IVP); 같은 저자, *Awaiting the King: Reforming Public Theology* (Grand Rapids: Baker Academic, 2017), 『왕을 기다리며』(IVP).

2. Bong Ho Son, "Relevance of Sphere Sovereignty to Korean Society", in *Kuyper Reconsidered: Aspects of his Life and Work*, eds. Cornelis van der Kooi & Jan de Bruijn (Amsterdam: VU Uitgeverij, 1999), pp. 179-189.

3. Abraham Kuyper, *Concise Works of the Holy Spirit* (New York: AMG Publishers, 2009). 카이퍼의 성령론을 일반 은혜와 연결시켜 나의 주장과 동일한 논지를 펼치는 것을 빈센트 E. 바코트, 『아브라함 카이퍼의 공공신학과 성령』(서울: SFC출판부, 2019)에서 보라.

7장__ 기독교 세계관과 일터

1. Bratt, *Modern Calvinist, Christian Democrat*, pp. 83-86, 125-127, 291-293.

2. 이 주제와 관련된 유용한 내용을 다음의 소책자에서 보라. Nicholas Wolterstorff, *Religion in the University* (New Haven: Yale University Press, 2021).

3부 삶의 모든 영역을 통치하시는 그리스도: 영역 주권

8장_ 정치적 지향: 진보냐 보수냐 그것이 문제인가

1. Peter Heslam, *Creating a Christian Worldview: Abraham Kuyper's Lectures on Calvinism* (Grand Rapids: Eerdmans, 1998), 3장.
2. Kuyper, *Calvinism*, p. 1.
3. James D. Bratt, *Abraham Kuyper: Modern Calvinist, Christian Democrat* (Grand Rapdis: Eerdmans, 2013), pp. 268-271.
4. James Eglinton, *Bavinck: A Critical Biography* (Grand Rapids: Baker Academics, 2020), p. 245. 『바빙크』(다함).
5. Jordan J. Ballor, *Makers of Modern Christian Social Thought: Leo XIII and Abraham Kuyper on the Social Question* (Grand Rapids: Acton Institute, 2016), pp. 45-83.
6. Alexis de Tocqueville, *Democracy in America*, trans. Harvey C. Mansfield and Delba Winthrop (Chicago: University of Press, 2002).
7. Mark J. Larson, *Abraham Kuyper, Conservatism, and Church and State* (Eugene: Wipf & Stock, 2015), pp. 48-59.

9장_ 영역 주권의 출발

1. Simon Schama, *Patriots and Liberators: Revolution in the Netherlands, 1780-1813* (New York: Knopf, 1977; repr. New York: Vintage, 1992).
2. John Halsey Wood Jr., *Going Dutch in the Modern Age: Abraham Kuyper's Struggle for a Free Church in the Nineteenth-Century Netherlands* (Oxford: Oxford University Press, 2013), pp. 6-19.
3. James Hutton Mackay, *Religious Thought in Holland during the Nineteenth Century* (London: Hodder and Stoughton, 1911), p. 50.
4. John Bolt, *A Theological Analysis of Herman Bavinck's Two Essays on the Imitatio Christi: Between Pietism and Modernism* (Lewiston, NY:

The Edwin Mellon Press, 2013), pp. 63-66.
5. Tjitze Kuipers, *Abraham Kuyper: An Annotated Bibliography 1857-2010* (Leiden: E. J. Brill, 2011).
6. Hendrikus Berkhof, *Two Hundred Years of Theology* (Grand Rapids: Eerdmans, 1989), p. 97.
7. James D. Bratt, *Dutch Calvinism in Modern America: A History of Conservative Subculture* (Eugene, OR: Wipf & Stock, 2002), pp. 6-8.
8. Herman Bavinck, "The Reformed Churches in the Netherlands", *The Princeton Theological Review* (1910): p. 447.
9. 같은 책, p. 436.
10. Bratt, *Dutch Calvinism in Modern America*, p. 9.
11. Herman Bavinck, "Catholicity of Christianity and the Church", *Calvin Theological Journal* 27 (1992): p. 247.
12. John Bolt, *A Free Church, A Holy Nation: Abraham Kuyper's American Public Theology* (Grand Rapids: Eerdmans, 2001), p. 54.

10장__ 영역 주권은 신정주의적인가?

1. James D. Bratt, "Sphere Sovereignty", in *Abraham Kuyper: A Centennial Reader* (Grand Rapids: Eerdmans, 1998), p. 488.
2. Richard J. Mouw, "Klaas Schilder as Public Theologian", *Calvin Theological Journal* 38 (2003): pp. 284-288.
3. Andrew L. Whitehead and Samuel L. Perry, *Taking America Back for God: Christian Nationalism in the United States* (Oxford: Oxford University Press, 2022); 이덕주 외 1인, "이승만의 기독교 신앙과 국가건설론: 기독교 개종 후 종교활동을 중심으로(1899-1913)",「한국기독교와 역사」 30 (2009): pp. 35-90.
4. Bratt, "Sphere Sovereignty", p. 461.
5. John Halsey Wood Jr., *Going Dutch in the Modern Age: Abraham Kuyper's Struggle for a Free Church in the Nineteenth-Century Netherlands* (Oxford: Oxford University Press, 2013), p. 14.
6. 같은 책, pp. 1-6. 이 책의 표지는 카이퍼의 톱질 사건을 묘사하는 카툰을 담고 있다.
7. Abraham Kuyper, "Sphere Sovereignty (1880)", in *Abraham Kuyper:*

A Centennial Reader, ed. James D. Bratt (Grand Rapids: Eerdmans, 1988), pp. 461-490; *Souvereiniteit in eigen kring. Rede ter inwijding van de Vrije Universiteit, den 20sten October 1880 gehouden, in het koor der Nieuwe Kerk te Amsterdam* (Amsterdam: J. H. Kruyt, 1880); 『아브라함 카이퍼의 영역주권: 인간의 모든 삶에 미치는 하나님의 주권』 (군포: 도서출판 다함, 2020).

8. Jonathan Chaplin, *Herman Dooyeweerd: Christian Philosopher of State and Civil Society* (Notre Dame, IN: University of Notre Dame Press, 2011), pp. 5-25.

11장__ 영역 주권은 세속주의를 부추기는가?

1. Jan de Bruijn, *Abraham Kuyper: A Pictorial Biography*, trans. Dagmare Houniet (Grand Rapids: Eerdmans, 2014), p. 130.
2. Hugh McLeod, *Secularization in Western Europe, 1848-1914* (London: Palgrave Macmillan, 2002), p. 5.
3. J. C. H. Blom, "The Netherlands since 1830", in *History of the Low Countries*, ed. J. C. H. Blom and E. Lamberts, trans. James C. Kennedy (Oxford: Berghahn Books, 1999), p. 394.
4. Brad S. Gregory, *The Unintended Reformation: How a Religious Revolution Secularized Society* (Cambridge, MA: The Belknap Press of Harvard University Press, 2012), pp. 348-350.
5. Angela Vanhaelen, "Calvinism and Visual Culture: The Art of Evasion", in *Cultures of Calvinism in Early Modern Europe*, eds. Crawford Gribben and Graeme Murdock (Oxford: Oxford University Press, 2020), pp. 138-156; Erik Larsen, *Calvinistic Economy and 17th Century Dutch Art* (Lawrence: University of Kansas Publications, 1979).
6. Jose Casanova, *Public Religions in the Modern World* (Chicago: The University of Chicago Press, 1994), p. 6.
7. Herman Bavinck, "The Catholicity of Christianity and the Church", *Calvin Theological Journal* 27 (1992): pp. 220-251; *De Katholiciteit van Christendom en Kerk: rede gehouden bij de overdracht van het rectoraat aan de Theol. School te Kampen op 18 December 1888* (Kampen: G. Ph. Zalsman, 1888).

8. Bavinck, "Catholicity of Christianity and the Church", p. 247.

12장_ 영역 주권의 정수: 자유가 아니면 죽음을 달라!

1. Jean-Jacques Rousseau, *On the Social Contract, with Geneva Manuscript and Political Economy*, ed. Roger D. Masters, trans. Judith R. Masters (New York: St. Martin's Press, 1978), pp. 68-69. 저자 강조 추가.
2. James D. Bratt, "Calvinism: Source and Stronghold of Our Confessional Liberties (1874)", in *Abraham Kuyper: A Centennial Reader* (Grand Rapids: Eerdmans, 1998), pp. 279-322.
3. Guillaume Groen van Prinsterer, *Christian Political Action in an Age of Revolution*, trans. Colin Wright (Aalten, the Netherlands: WordBridge Publishing, 2015).
4. Kuyper, *Calvinism*, p. 18.
5. 현대 중국 사회의 과학 기술 발달과 국가 통제 시스템의 연결과 관련해 다음을 보라. Josh Chin and Liza Lin, *Surveillance State: Inside China's Quest to Launch a New Era of Social Control* (New York: St. Martin's Press, 2022).
6. "Amsterdam: The Future of Freedom", *The Wonder List with Bill Weir*, S2, E7, CNN.

4부 카이퍼 신학, 나라를 바꾸다

13장_ 다원주의 사회에서의 기독교 세계관

1. Stephen V. Monsma and J. Christopher Soper, *The Challenge of Pluralism: Church and State in Five Democracies* (Landham: Rowman & Littlefield, 2008).
2. 12장의 미주 6을 보라.
3. 알버트 월터스, 『창조 타락 구속』(서울: IVP, 2007).
4. 아브라함 카이퍼의 기독교 세계관에 기반을 둔 기독교 교육 운동과 관련해 다음을 보라. Abraham Kuyper, *On Education* (Bellingham, WA: Lexham Press, 2019).

5. Michael Wintle, *An Economic and Social History of the Netherlands, 1800-1920: Demographic, Economic and Social Transition* (Cambridge: Cambridge University Press, 2000).
6. Herman Bavinck, *Paedagogische beginselen* (Kampen: J. H. Kok, 1904), p. 49.

14장_ 기독교 세계관에 기반을 둔 기독교 하위문화

1. Herman Bavinck, *De Nieuwe Opvoeding*, 2e Druk (Kampen: J. H. Kok, 1928), p. 106.
2. Nicholas Wolterstorff, *Until Justice and Peace Embrace: The Kuyper Lectures for 1981 Delivered at the Free University of Amsterdam* (Grand Rapids: Eerdmans, 1983), pp. 42-72. 월터스토프는 카이퍼와 해방신학자 구스타보 구티에레스(Gustavo Gutiérrez)를 비교하고 설명한다.
3. Herman Bavinck, "The Catholicity of Christianity and the Church", *Calvin Theological Journal* 27 (1992): pp. 220-251.
4. Abraham Kuyper, "Sphere Sovereignty (1880)", in *Abraham Kuyper: A Centennial Reader*, James D. Bratt (Grand Rapids: Eerdmans, 1988), pp. 461-490.
5. James D. Bratt, *Abraham Kuyper: Modern Calvinist, Christian Democrat* (Grand Rapids: Eerdmans, 2013), pp. 83-86.
6. 언론인 카이퍼와 관련해 다음을 보라. Johan Snel, *Abraham Kuyper, een leven in de journalistiek: Een nieuwe biografie* (Meppel, NL: Boom, 2023).

15장_ 분화와 협의적 민주주의

1. George Harinck, "A Historian's Comment on the Use of Abraham Kuyper's Idea of Sphere Sovereignty", *Journal of Markets & Morality*, vol. 5, no. 1 (Spring, 2002): p. 278.

5부 오늘날, 한국 사회에서, 그리스도인으로 산다는 것

16장_ 세속 시대를 살아가는 한국 그리스도인들을 위한 진짜 공공신학

1. 이 부분은 기독교 통일학회의 제1회 목회자를 위한 통일 학술대회에서 저자가 발제한 소논문을 이 책의 내용과 구성, 스타일에 맞게 요약, 수정, 변경한 것이다. 김은득, "세속 시대의 한국 교회를 위한 공공신학", 「기독교와 통일」 14 (2023): pp. 79-114.
2. 팀 켈러, 『답이 되는 기독교: 현대 세속주의를 의심하다』(서울: 두란노, 2018).
3. 예를 들어, 『답이 되는 기독교』의 6장 "세속주의, '거짓 정체성'을 주입하다: 나만 나를 사랑하면 그만이다?"를 보라.
4. 사적 영역이 아닌 공적 영역에서 공적 합리성의 중요성을 강조한 공공신학으로 다음을 보라. David Tracy, *The Analogical Imagination: Christian Theology and the Culture of Pluralism* (New York: Crossroad, 1991); 같은 저자, *Blessed Rage for Order, The New Pluralism in Theology* (New York: Seabury Press, 1975); 같은 저자, "Defending the Public Character of Theology", *Christian Century* 98 (April 1, 1981): pp. 350-356; Linell E. Cady, *Religion, Theology and American Public Life* (Albany: State University of New York Press, 1993).
5. Abraham Kuyper, *Pro Rege: Living Under Christ the King*, vol. 1-3 (Bellingham, WA: Lexham Press, 2016-2019).
6. 켈러의 마지막 유고를 다음에서 보라. Timothy Keller, "Lemonade on the Porch (Part 1): The Gospel in a Post-Christendom Society", https://quarterly.gospelinlife.com/gospel-in-a-post-christendom-society/. 우리말 번역 "포치에서 나누는 레모네이드 한 잔"을 다음에서 볼 수 있다. https://www.tgckorea.org/articles/1963?sca=%EA%B5%90%ED%9A%8C.
7. 장동민, 『포스트크리스텐덤 시대의 한국 기독교』(서울: 새물결플러스, 2019), p. 141.
8. Charles Taylor, *A Secular Age* (Cambridge: Belknap Press of Harvard University, 2018), pp. 542-543.
9. 같은 책, p. 18.
10. 같은 책, p. 486.
11. 같은 책.

12. 같은 책, pp. 478, 484.
13. 김은득, "공적으로 신학하기(Doing Theology Publicly): 헤르만 바빙크를 중심으로", 「조직신학연구」 44 (2023): pp. 151-154. 이 논문은 헤르만 바빙크의 신학 서론을 공공신학적 관점에서 살펴보기에 앞서, 먼저 공공신학을 세 범주로 나누고 그 특징들을 제시한다.
14. 이 장의 미주 4를 보라.
15. Ronald F. Thiemann, *Constructing a Public Theology: The Church in a Pluralistic Culture* (Louisville: Westminster John Knox, 1991); 같은 저자, *Religion in Public Life: A Dilemma for Democracy* (Washington, DC: Georgetown University Press, 1996); Max L. Stackhouse, *Public Theology and Political Economy: Christian Stewardship in Modern Society* (Grand Rapids: Eerdmans, 1987).
16. Robert Benne, *The Paradoxical Vision: A Public Theology for the Twenty-first Century* (Minneapolis: Fortress Press, 1995); David Hollenbach, "Public Theology in America: Some Questions for Catholicism After John Courtney Murray", *Theological Studies* 37, no. 2 (June 1976): pp. 290-303.
17. 이신철, "미국 기독교 우파의 이념적 특징과 정치참여", 「사회와 철학」 10 (2005): pp. 253-280; 최명덕, "레이건 시대의 기독교 新우파의 정치참여", 「미국학논집」 36권 2호 (2004): pp. 265-286; 김민아, "한국 복음주의 사회운동의 분화와 개신교 뉴라이트의 등장", 「한국기독교와 역사」 48 (2018): pp. 73-121.
18. 김장생, "전광훈의 개신교 지지자들", 「문화와 사회」 28권 3호 (2020): pp. 139-188.

한국 교회를 위한 카이퍼의 세상 읽기

초판 발행_ 2024년 6월 19일

지은이_ 김은득
펴낸이_ 정모세

펴낸곳_ 한국기독학생회출판부
등록번호_ 제2001-000198호.(1978.6.1)
주소_ 04031 서울시 마포구 동교로 156-10
대표 전화_ (02)337-2257 팩스_ (02)337-2258
영업 전화_ (02)338-2282 팩스_ 080-915-1515
홈페이지_ http://www.ivp.co.kr 이메일_ ivp@ivp.co.kr
ISBN 978-89-328-2256-3

ⓒ 김은득 2024

책값은 뒤표지에 있습니다.
무단 전재와 복제를 금합니다.